Rompehielos

BIBLIOTECA DE ideas

PARA REFRESCAR TU MINISTERIO

Especialidades Juveniles

LA BIBLIOTECA DE IDEAS

Administración, publicidad y recaudación de fondos
Campamentos, retiros, misiones e ideas para el servicio
Reuniones creativas, lecciones bíblicas e ideas de adoración
Rompehielos
Discusiones e iniciación de lecciones
Discusiones e iniciación de lecciones 2
Drama, teatro y guiones
Drama, teatro y guiones 2
Juegos
Juegos 2
Ideas para festividades
Eventos especiales

DEDICADOS A LA EXCELENCIA

La misión de Editorial Vida es proporcionar los recursos necesarios a fin de alcanzar a las personas para Jesucristo y ayudarlas a crecer en su fe.

Miami, Florida

Publicado en inglés con el título:
Crowd breakers
Por The Zondervan Corporation

Traducción: *Gloria Vázquez*
Edición: *Silvia Himitian*
Diseño interior: *Ruth Madrigal Chinchilla*
Diseño de cubierta: *Curt Sell*

ISBN: 0-8297-4313-8
Categoría: Ministerio juvenil

Impreso en Estados Unidos de América
Printed in the United States of America

06 07 08 ❖ 6 5 4 3 2

CONTENIDO

ROMPEHIELOS MUSICALES

PRUEBAS Y JUEGOS DE INGENIOS

TRUCOS

TODOS JUEGAN

LISTA POR ORDEN ALFABÉTICO
de todas las actividades de este libro

BROMAS

Y PARODIAS

BROMAS Y PARODIAS

Sirven para distender el clima de una audiencia. Implican la participación activ a de algunos jóvenes sobre el escenario. Estos chistes y parodias generalmente requieren una preparación breve y producen un buen resultado en términos de risas, por lo general, a expensas de una "víctima". Es importante que "el elegido" tenga buen carácter. (Encontrarás una vasta colección de obras de teatro y parodias que pueden ser adaptadas como rompehielos en el libro Drama, teatro y guiones, de La biblioteca de ideas.)

EL TRUCO DE LA CUBETA

Antes de que lleguen los jóvenes, llena media cubeta con papel picado o con arroz. Con mucho cuidado, coloca un cucharón lleno de agua sobre el arroz, asegurándote de que no se derrame el agua y de que no se asome el cucharón. Tapa la cubeta para ocultar su contenido. Después de que todos hayan llegado y estén alrededor (no tan cerca), anuncia que has adquirido agua de la Fuente de la Juventud. Con cuidado, levanta el cucharón sin derramar el agua y sin dejar ver lo que hay en la cubeta. Después, sirve el agua en un vaso y entrégaselo a un voluntario (un cómplice) para que tome. Unos segundos más tarde, el voluntario debe comenzar a actuar como un niño. Después el voluntario tomará la cubeta y aventará el contenido hacia el grupo. ¡Sorpresa! Es sólo arroz, no agua.

PREMIOS DE BÁSQUETBOL

Se pueden entregar los siguientes premios a los miembros de un equipo de básquetbol de una escuela o iglesia, en algún evento social o en la reunión del grupo de jóvenes. Los trofeos se pueden montar sobre bases de madera y las placas en trozos de madera prensada. Hay que lijar las bases, barnizarlas y hacer que se vean como las de los auténticos trofeos. Los nombres puede imprimirse con un aparato para imprimir etiquetas.

- **El jugador con la mejor capacidad ofensiva.** Un frasco de enjuague bucal sobre la base.
- **El jugador que más sonríe.** Un tubo de pasta dentífrica sobre la placa.
- **El jugador que cometió más faltas, el "más sucio".** Un jabón perfumado.
- **El jugador que demostró más energía.** Un frasco de pastillas de vitaminas.
- **El mejor suplente.** Un libro para leer en el banco.
- **El jugador más rudo.** Una crema para afeitar o un desodorante de la línea Brut.
- **El jugador más lastimado.** Un botiquín de primeros auxilios.
- **El jugador que más encestó.** Una canasta de Pascua llena de huevos de chocolate
- **El que maneja mejor el dribbling.** Un postre de gelatina.
- **El que mejor salta.** Una rana (de verdad o de juguete) sobre una base.

Usando un poco de creatividad puedes añadir más categorías a esta lista. También se pueden entregar premios verdaderos a jugadores que se hayan destacado, para finalizar con una nota positiva. *Ron Allchin*

ZUM, ZUM ABEJITA

Provoca inquietud en el grupo al anunciar que vas a dar una lección sobre los pájaros y las abejas. Creerán que vas a dar una charla sobre sexualidad. Diles que, por falta de tiempo, sólo te ocuparás de las abejas.

Elige un participante del grupo que sea buen perdedor y que vaya a jugar con entusiasmo. Ofrécele una silla para que se siente frente al grupo. El jugador debe pretender que el salón es un jardín, que el escenario es un panal y que él es la abeja reina, que gobierna el panal. Explica que tú eres la abeja obrera. Tu trabajo consistirá en recolectar polen del jardín y llevarlo al panal. Cada vez que regreses al panal con tu carga de polen, dirás en lenguaje de abeja: "¡Uomp!" Explica que cada vez llevarás una carga mayor de polen y que por eso te resultará más difícil hablar. A tu zumbido, la abeja reina debe responder: "Zum, zum, abejita. Trae todo el polen para la abeja reina."

Repite la secuencia varias veces y pídele al público que al final, aplauda. Cuando vueles, mueve los brazos como si fueran alas y has el zumbido lo más fuerte que puedas para que resulte gracioso. Busca, en cada vuelo, colocarte en un punto en el que la abeja reina no te vea, por ejemplo, detrás del escenario. Durante el tercer y último vuelo, llena tu boca de agua, sin que te vea, regresa y di: "¡Uomp!"

Después de que la abeja reina te conteste, escúpele el agua.

Quizás prefieras que el público vea que llenaste tu boca de agua (o no). Las dos cosas son divertidas. Ponte de acuerdo con el voluntario para que sea tu cómplice y pretenda enojarse por la broma.

EL ADIVINO

Elige un adulto que sea desconocido por el grupo para que te ayude con la actividad. Anuncia que tu invitado tiene poderes sobrenaturales: puede adivinar el pasado y predecir el futuro de personas que no conoce. Selecciona dos o tres jóvenes, fingiendo que los escoges al azar, y pídele al "adivino" que revele alguna situación cómica (pero real) de la vida de estos jóvenes. Claro que, previamente y en secreto, debiste haber obtenido estos datos de los padres de los chicos y transmitido la información al "adivino". Después de divertirte un buen rato, confiesa la verdad al público. Después de esta actividad puedes enseñar lo que la Biblia dice sobre la adivinación

EL GURÚ

Este es un buen truco para pequeños encuentros informales o para reuniones sociales. Todo lo que se necesita es un teléfono. Anuncias al grupo que hay un "gurú" en la ciudad, al que se lo puede llamar en cualquier momento del día y pedirle que diga qué carta de la baraja tienes en la mano. Siempre su primera respuesta es la correcta. Para probarlo, entrega el mazo de cartas al grupo y pide que elijan una carta, la que quieran, que por ejemplo, puede ser el ocho de tréboles. Entonces llama al gurú, que es alguien con quien te has puesto de acuerdo de antemano y que espera tu llamado. Cuando conteste, inmediatamente empezará a contar "dos, tres, cuatro, cinco, seis". Cuando llegue al número de la carta, tú dices: "Hola, ¿puedo hablar con el gurú, por favor? El gurú entonces empieza a nombrar los palos: "Corazones, tréboles, espadas, diamantes". Cuando nombre el correcto lo interrumpes con un: "¿Hola gurú? Escogimos una carta y queremos que adivine cuál es." Pásale el teléfono a alguno de los jóvenes, para que escuche la respuesta del gurú, que, para asombro de todos, habrá adivinado la carta.
David Parke

CARTA DE LA ABUELA

En la próxima página hay una carta desopilante, que causará mucha risa. Léela lentamente, haciendo una pausa después de cada punto. Si la usas en un campamento, podrás presentarla así: "Llegó una carta, pero en el sobre no figura a quién va dirigida. Si la leemos, quizás alguno de ustedes lo descubra. Está firmada: 'La abuela' ". *Eugene Gross*

VENDEDORES DE ENJUAGUE BUCAL

Este es un buen juego de apertura. Hay que enviar a dos o tres jóvenes a la calle por 20 ó 30 minutos. La idea es probar sus habilidades para vender un producto ridículo, por ejemplo, un enjuague bucal. A los jóvenes se les entregan los materiales necesarios y se les asigna un tiempo determinado para que vayan, puerta a puerta, a vender el producto en la zona. Un asistente los acompañará para certificar que lo hagan bien. A cada participante se le entregará una copia de las instrucciones para la venta, las que figuran al final de este capítulo. Antes de comenzar, léelas en voz alta a todo el grupo. Cada joven deberá leérselas a quien le abra la puerta. Utiliza agua con colorante vegetal como enjuague bucal y una radio como medidor de aliento.

El sistema de puntaje será el siguiente: si el cliente compra el enjuague bucal, el vendedor obtendrá 2000 puntos. Si el cliente prueba el enjuague bucal, recibirá 1000 puntos. Si el vendedor logra decir todo sin reírse o sin que le cierren la puerta en su cara, conseguirá 500 puntos. Pasado el tiempo establecido, los vendedores regresarán a la reunión de jóvenes. Quien haya obtenido el mayor puntaje será el ganador.

EL BANCO DEL PARQUE

Invita a tres o cuatro jóvenes (varones y mujeres) a salir por un momento del salón. Mientras ellos esperan afuera, elige un varón y una mujer y pídeles que se sienten juntos en el banco del parque. (Pueden ser dos sillas.) Haz regresar a uno de los participantes que esperan afuera. Cuéntale que a la chica del banco le gusta mucho el chico y que al chico le pasa lo mismo. Que hace poco están saliendo... Y así continúa contando cosas de ellos. Después, pídele que sugiera una posición más romántica para que se vean como dos enamorados. Puede ser que se tomen de las manos o que se abracen. Lo divertido comienza después: el autor de la sugerencia, debe tomar el lugar de la muchacha o del muchacho, y la posición que él mismo sugirió. Trae a la otra persona y repite el proceso, hasta que creas que es hora cortar. *Lynne Surft*

PASTOR EDITADO

Debes conseguir varias grabaciones de predicaciones del pastor de tu iglesia. Después, utiliza una doble casetera para editar frases de la predicación, intercaladas con preguntas tuyas, para que parezca una entrevista. Las preguntas deben ser incómodas y controvertidas. Haz que el grupo escuche la grabación de una supuesta entrevista al pastor, que resultará en un cómico diálogo. Por ejemplo:

Entrevistador: Describa a su hijo Pedro en tres palabras.

Pastor: Problemas de comportamiento.

Entrevistador: ¿Qué hay de su otro hijo David?

Pastor: Flojo y débil.

Rick Porter

Querido nieto:

Como tengo mucho tiempo, porque no estoy ocupada, pensé en escribirte unas líneas para ponerte al tanto de las novedades. Todos nos encontramos tan bien como se puede esperar dentro de nuestra condición. No estamos enfermos, simplemente no nos sentimos bien. En realidad, yo sí me siento bien; la tía Martha se murió. Espero que al recibir esta carta te encuentres del mismo modo. Supongo que quieres que te cuente acerca de nuestra mudanza de Illinois a Hollywood. La iniciamos cuando nos fuimos. No nos tomó más tiempo que salir de una casa y llegar al nuevo hogar. Lo mejor de todo fue el viaje. Si alguna vez vienes, no te lo pierdas.

No esperaban vernos hasta que llegáramos. La mayoría de las personas que ya conocíamos, nos resultaron conocidas. Las que no conocíamos parecían extrañas. Aún vivimos en el mismo lugar al que nos mudamos la última vez, que es justo al lado de nuestros vecinos más cercanos y en frente de los vecinos que viven cruzando la calle. Randal dice que piensa que nos quedaremos aquí hasta que nos mudemos o nos vayamos a otro lado.

La granja nos tiene muy ocupados. Los huevos están a buen precio, por eso están tan caros. Parte del terreno es tan pobre que no se podría cultivar ni un paraguas. Pero tenemos una buena cosecha de papas. Algunas tienen el tamaño de una nuez, otras, de un garbanzo. El resto son muy chiquitas.

Pedro llevó las vacas a tomar agua y cuando cruzaron el puente una se cayó y a causa de esto se le cortó la leche. Ahora tiene hipo una vez a la semana y así bate su propia manteca.

Sharon se cayó del balcón de atrás. Se raspó un poco y se le salió la piel en algunos lugares. Cada vez que Guillermo se enferma, comienza a sentirse mal. El doctor le dio un remedio y le dijo que si mejoraba el medicamento lo había ayudado y que si no empeoraba, significaba que estaba igual.

Quería enviarte el dinero que te debo pero, cuando me acordé, ya había cerrado el sobre de esta carta. Te mando tu abrigo pero le quité los botones para que no pesara tanto. Fíjate, los puse en el bolsillo izquierdo.

Bueno, debo terminar ahora. Me tomé tres días para escribir esta carta porque sé que eres un lector lento.

Con todo mi amor:

La abuela

P. D. Ahora vivimos en Hollywood, donde todo es moderno. Tenemos cocina, sala, comedor y dos habitaciones. También tenemos un pequeño cuarto en el piso de arriba para darle agua a los caballos, sólo que un poco más elegante. Hay una cosita blanca, de un metro de alto, con agua caliente y fría. De todas maneras, no sirve, porque tiene un agujero. Hay otra cosa en un rincón que es lo mejor de la casa. Puedes meter un pié y lavarlo y después bajas una palanca y tienes agua limpia para el otro pié. Tenía dos tapas: una, entera y otra, con un agujero. Le quitamos la tapa dura y la usamos para amasar pan. La otra tapa tiene un hoyo, así que la utilizamos para enmarcar una foto del abuelo. La colgamos sobre la pared, frente a la mesa familiar. Todos dijeron que se veía muy natural, como si verdaderamente el abuelo estuviera sentado allí.

El vendedor de enjuague bucal

Hola, yo represento a ________________ y quiero tomarle
(Nombre de tu grupo)
sólo 60 segundos de su tiempo para invitarlo a participar de nuestra encuesta sobre higiene. Consiste en cuatro sencillas preguntas:

1. ¿Visitó al dentista en este año?
2. ¿Usted diría que los miembros de su familia se cepillan los dientes a veces, con frecuencia o siempre?
3. ¿Qué marca de enjuague bucal prefiere?
4. ¿Podría repetir lentamente la frase: "¡Jamás jures justicia, Javier!" en este medidor de aliento?

Le agradecemos su colaboración. Antes de irme quisiera presentarle este nuevo producto que, seguramente, revolucionará la industria de la higiene bucal. Mediante un complejo y asombroso proceso científico, hemos encontrado la forma de reciclar el enjuague bucal usado. Pronto estará a la venta en su farmacia favorita, pero durante la campaña de lanzamiento del producto, con promotores que van puerta a puerta, puedo ofrecerle un galón completo de enjuague bucal reciclado, al asombroso precio de un dólar. ¿No es una oferta fantástica? (Espera la respuesta.) Estoy seguro de que usted querrá aprovechar esta oferta. He sido autorizado a dejarle este enorme galón por tan sólo un dólar. ¿Quiere que pase o lo espero en la puerta, mientras va a buscar el dinero? (Si la persona lo compra, dale las gracias y te vas. Si la respuesta es no, continúa).

Entiendo que tenga cierta reticencia a comprar un producto nuevo, pero permítame ofrecerle algo que le gustará. Aquí tengo una pequeña muestra de nuestro enjuague bucal reciclado. ¿Estaría de acuerdo en probarlo y darme su opinión del producto? Sólo tiene que tomar la botella y llevar una pequeña cantidad a la boca y hacer un buche. Después, devuélvalo al envase, usando este tubo. Esta demostración le permitirá ver las ventajas de un enjuague bucal reciclable.

ROMPEHIELOS

ROMPEHIELOS

Estas actividades sirven para romper el hielo, de modo que los jóvenes no se sientan tan incómodos cuando se les pide que se presenten unos a otros. Algunos de estos rompehielos constituyen formas creativas de aprender los nombres de todos. Otros ofrecen oportunidades para que los jóvenes interactúen distendidamente y para que conozcan más a los demás.

SOPA DE NOMBRES

Divide a los jóvenes en pequeños grupos. Cada miembro tiene que escribir su nombre en mayúscula en una cartulina, uno debajo del otro para formar una lista alineada a la izquierda

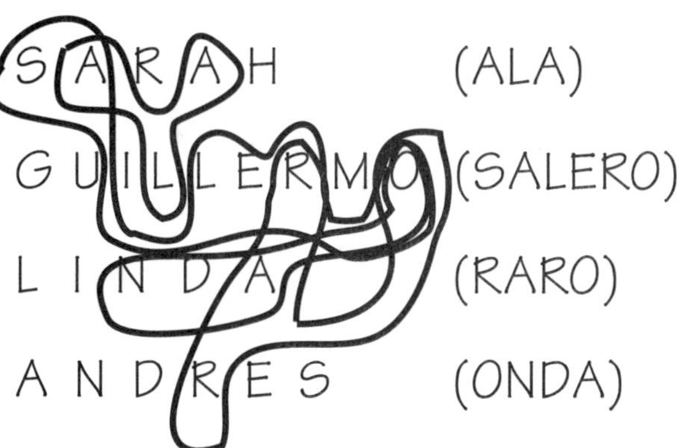

Ahora cada grupo tratará de formar toda las palabras posibles que surjan de la combinación de las letras de los nombres (de tres letras o más). Se pueden formar palabras en cualquier dirección, siempre y cuando las letras se encuentren en palabras contiguas. Cada palabra de tres o cuatro letras vale un punto. Se le asignarán dos puntos a las de cinco caracteres y tres puntos las de seis. No se permitirán nombres propios o palabras extranjeras. Establecer un tiempo límite de tres minutos.
Gary K Sturni

TU SERÁS...

Si planeaste un encuentro para hablar de las carreras que van a estudiar los adolescentes, puedes usar esta actividad para romper el hielo. Pega en la pared una hoja de papel grande por cada joven presente. Si no tienes suficiente espacio en la pared, pega las hojas sobre las mesas. Escribe el nombre de cada uno en el encabezado de la hoja y reparte marcadores a todos.

Los participantes deberán ir hoja por hoja (menos la suya) y escribir la ocupación o profesión que creen que esa persona tendrá cuando termine el colegio. Todo criterio es válido. Una vez que todos hayan terminado, cada uno escribirá en su hoja su propio proyecto. *Marja Coons.*

REACCIÓN EN CADENA

Prepara diferentes preguntas y escribe una al

comienzo de cada hoja oficio. Puedes usar algunas de las siguientes preguntas o inventar otras.

- **¿Cuál es el momento del día que más disfrutas?**
- **¿Cuál consideras que ha sido tu mayor logro?**
- **¿De qué presumen tus padres cuando hablan de ti?**
- **¿Qué programa de televisión ves?**
- **¿Tocaste alguna vez un instrumento musical?**
- **¿Sabes buenos chistes? Cuenta uno.**
- **¿Qué te gusta de la escuela?**
- **¿Has estado en algún lugar al que ninguno de los que estamos aquí ha ido?**
- **¿Qué es lo más hermoso que tienes?**
- **¿Cuál es tu actividad favorita en las vacaciones?**
- **¿Dónde naciste?**
- **¿Cuál es tu libro favorito?**
- **¿Cuál es tu lugar favorito para comer?**
- **¿Qué porcentaje de la Biblia has leído?**
- **¿Cuál es tu lema para la vida?**

En la hoja cada pregunta debe ir marcada con el número 1. Ahora, sigue estos pasos para generar una reacción en cadena:

1. Todos buscan una pareja. Cada uno debe hacerle al compañero la pregunta que le ha tocado. No necesitan escribir la respuesta, sólo escuchar.
2. Los participantes copian la pregunta del compañero en su propia hoja y le colocan el número 2.
3. Luego todos cambian de pareja y le hacen al nuevo compañero la pregunta que han copiado.
4. Escuchan la respuesta, copian la pregunta del otro, y le colocan el número 3

Continúa utilizando el mismo esquema hasta que los jóvenes hayan entrevistado a todos o hasta que se termine el tiempo.

Siempre deben formular la última pregunta que copiaron, y copiar la primera de la lista del otro. *John Morgan*

ANÁLISIS DE CARÁCTER

Si los miembros de un grupo no se conocen muy bien entre sí, has que cada uno escriba alguna información referida a sí mismo en un pedazo de papel sin nombre. Puede ser:

- Comida favorita
- Segundo nombre
- Pasatiempo
- Programa de televisión favorito
- Momento en el que se sintieron más avergonzados

Entonces los participantes entregarán los papeles. Se mezclarán bien y se volverán a repartir. Cada uno leerá en voz alta la información que le tocó. El resto del grupo intentará adivinar a quién pertenece esa información. Esta es una forma divertida de que los jóvenes se conozcan mejor. *Roger Paige*

CONECTA TU NOMBRE

Esta actividad requiere solamente de un papel afiche y un marcador para cada grupo. Forma cuatro equipos de entre cuatro y seis personas. En la primera ronda, a partir de la señal de comienzo del juego y en el menor tiempo posible, cada equipo deberá intentar armar un crucigrama con los nombres de todos sus miembros. (Ver diagrama.)

```
      L
L U L U
      I       V
      S A L O M E
          I   R
        Z O I L A
```

En la segunda ronda, los participantes se dividirán en dos grandes grupos y tendrán que conectar todos los nombres de quienes los integren. En la ronda siguiente todos serán parte del mismo gran equipo, con la misión de formar un crucigrama con los nombres de todos los presentes. Puedes hacer esta actividad para finalizar un estudio bíblico sobre 1 Corintios12 para ilustrar que los cristianos somos todos parte de un mismo cuerpo. *Michael W. Cappas*

TERRENO EN COMÚN

Esta es una divertida experiencia para un grupo pequeño, y ayudará a los adolescentes a conocerse mejor. Divídelos en pequeños grupos de cinco a siete personas y distribuye copias de la lista que se encuentra en la página 22.

Asigna un apuntador para cada grupo. La idea es

que los integrantes encuentren cosas que a todos les gustan y cosas que a todos les disgustan, partiendo de una variedad de categorías. Hay que aclararles que deben ser sinceros y no sólo jugar para obtener puntos. Por cada vez que se dé un consenso, el grupo recibirá cierto número de puntos (tú decides). Puedes dar diez puntos por cada respuesta que todo el grupo tenga en común y menos puntos por aquellas en las que sólo algunos jóvenes coincidan. Por ejemplo, si sólo cinco de un grupo estuvieran de acuerdo en algo, entonces obtendrían cinco puntos en lugar de diez. Establece un tiempo límite de diez minutos para la actividad.

Después, los integrantes del grupo deberán encontrar otras experiencias extras que tengan en común. Recibirán puntos adicionales por cada una de ellas. Por ejemplo:

- Obtuve una B en el último boletín de calificaciones
- Me quebré un hueso en este año
- Me dejó plantado un amigo
- Fui a un campamento

Dale al grupo cinco minutos para tratar de descubrir todas las posibles experiencias en común. Los apuntadores llevarán la cuenta. Cualquier experiencia resulta aceptable en tanto sea cierto que todos ha pasado por ella. Al finalizar el tiempo, se sumarán los puntos.

Este ejercicio realmente rompe el hielo cuando los adolescentes ven todo lo que tienen en común. *Syd Schnaars*

CRÚZALAS

Que cada joven escriba en una tarjeta algo acerca de sí mismo que todo el mundo conozca. Recoge las tarjetas y usa la información como referencia para armar un crucigrama. (Ver ejemplo abajo.) Algunas computadoras tienen programas para confeccionar crucigramas. Eso simplificará mucho la preparación de esta actividad. *Mark C. Christian*

ALGO EN COMÚN

Esta es una buena actividad de arranque, aunque todos los miembros del grupo ya se conozcan bien. Divídelos en grupos de cinco o seis personas. Que cada uno cuente algo de sí mismo que nadie conozca. ("Cuando empecé el jardín de infantes, el primer día de clases mi mamá me hizo usar un pantalón corto porque decía que tenía lindas piernas.") Después que todos hayan compartido sus experiencias, dale a cada grupo la tarea de encontrar algo que todos tengan en común. Quizás todos tomaron clases de piano, usan hilo dental o fueron a campamentos bíblicos cinco veranos seguidos. Que cada grupo comparta los hallazgos que realice. *Marshall Shelley*

ENCUESTA GENERAL

Este rompehielos funciona mejor cuando conoces a todos los que van a asistir al encuentro.

Horizontales

1. Es miembro del equipo que organiza los simulacros de incendio en su escuela.
3. El padre es piloto de una línea aérea.
7. Es campeón en lucha libre.
8. La familia es dueña de un supermercado.
10. Es amigo de Ana.
11. Toca la batería en una banda.
12. Es la estrella de tenis de su escuela.
15. En fanático de los Beatles.
19. Ama los deportes.
21. Está en el consejo estudiantil.
24. Le gustan la música clásica y los muchachos.
25. Es muestro héroe en el fútbol.
26. Es el chico de la motocicleta.
28. El escalador.
29. Se acaba de mudar a esta ciudad.
31. Su apellido es Roca.
33. Esotérico (no trates de descubrir quién es, sólo escribe esta palabra en inglés).
34. Le encanta bailar.
35. Ama los caballos.

Verticales

1. Le gustan los juegos de mesa.
2. Le acaban de poner aparatos.
4. Juega al fútbol americano.
5. Su deporte favorito es el tenis.
6. Le encanta correr.
7. Le gusta la biología marina.
9. Tiene tres pasatiempos: nadar, bailar, y los muchachos.
13. Juega básquetbol.
14. Creció en los Estados Unidos.
16. Participó de la obra "Grease" en la escuela.
17. Hace poco se lastimó la mano izquierda.
18. Quiere ser accionista.
20. Operó las luces en una obra de teatro de la escuela.
22. Maneja un Mustang 97.
23. Maneja un Mustang 65.
27. Tiene un perro que se llama Sansón.
29. Su papá vende seguros de vida.
30. Le gusta jugar golf.
32. Colecciona calcomanías.

Algo en Común

Categoría	Me gusta	No me gusta
Comida		
Juegos		
Programas de T.V		
Regalos recibidos		
Materia de la escuela		
Trabajo en casa		
Cancion		
Pasatiempo		
Actividades para el sábado		
Deportes		

EXPERIENCIAS EN COMÚN

Deberás contactar a cada uno de antemano y conseguir alguna información personal suya. Después, incluye esos datos en una encuesta escrita que usarás en la reunión o en el evento. La encuesta debe tener tantas preguntas —tipo verdadero/falso o multiple choice— como participantes. (Puedes tener más de una pregunta por cada persona.)

La encuesta puede utilizarse de distintas formas. Una de ellas es dándole a cada chico una copia de la encuesta para que entreviste a los demás hasta encontrar la información que necesita para contestar la pregunta correctamente. Cuando acabe el tiempo límite establecido, quien tenga más respuestas correctas, ganará. Otra posibilidad es que los chicos completen primero la encuesta sobre los demás y que después cada uno diga cuál es la respuesta correcta sobre su persona. La primera sugerencia es más activa y requiere una mayor interacción del grupo. La tercera opción es una combinación de ambas: que los jóvenes completen la encuesta primero y después vayan a preguntarles a los demás para chequear si contestaron bien.

La clave es hacer preguntas divertidas e interesantes, que incluyan facetas no muy conocidas de cada persona. No sólo se trata de una actividad entretenida, también resulta muy informativa.

Algunas preguntas:

1. Daniel López está ahorrando para comprar:
   - a. un avión
   - b. un transplante de cabello
   - c. una motocicleta
   - d. una guitarra
2. A Lisa Hernández le gustan:
   - a. las sardinas
   - b. las alcachofas
   - c. las fresas
   - d. Daniel López
3. El papá de Guillermo Flores estuvo en un programa de televisión
   - a. verdadero
   - b. falso
4. La familia de Paola Leal pasará la próxima Navidad en:
   - a. su casa
   - b. en un centro de esquí
   - c. en la casa de su abuelita
   - d. en Japón

Tom Collins

CONCURSO DE ELOGIOS

Si a alguno de los jóvenes de tu grupo le cuesta decir cosas lindas de los demás, intenta esto. Es un concurso en el que se compite diciendo elogios.

El grupo formará un círculo y un voluntario deberá sentarse en una silla en el medio. El voluntario elegirá dos personas. La primera será aquella a la que se le hagan los halagos. La otra competirá contra el voluntario para ver cuál dice el mejor piropo.

Cada uno dirá algo lindo y después la persona elogiada elegirá cuál de los dos piropos le gustó más. Está claro que le va a costar decidir, pero debe escoger uno. El perdedor deberá sentarse en la silla.

Otra posibilidad es que la persona que está sentada en el medio sea quien reciba los halagos de las dos personas que escogió. Después, el ganador tomará el lugar del centro y recibirá elogios. Este juego puede ayudar a que los jóvenes se acostumbren a decirse cosas edificantes. *Paul Mason*

TIRO AL BLANCO

Esta es una buena forma para que todos se conozcan mejor. Antes de comenzar, asegúrate de que los participantes se hayan presentado entre sí, de modo de que todos hayan oído los nombres de los demás al menos una vez. Divide el grupo en dos equipos y que cada equipo se ubique en un extremo del salón. Dos personas (neutrales) desplegarán una frazada y la sostendrán en posición vertical, tocando el suelo. Cada equipo enviará a un representante que se colocará cerca de la frazada, del lado de su grupo. Cuando ambos estén listos, la cobija caerá al piso. El primero que diga correctamente el nombre de su oponente, capturará al otro para su equipo. El juego continuará hasta que quede una sola persona en uno de los equipos. Si ninguno de los dos últimos jugadores conoce el nombre de su adversario, cada uno volverá a su equipo de origen. *Peter Torrey*

CONFUSIÓN

Este es un maravilloso rompehielos para fiestas o actividades sociales. Haz una lista como la que sigue para cada miembro del grupo. No debería haber dos listas iguales, a menos que el grupo fuera muy grande. A cada persona se le dará una lista y un pedazo de chicle (goma de mascar). El ganador será quien complete primero los diez ítems de la lista, en el orden en el que figuran. La idea es que todos hagan cosas distintas al mismo tiempo. No podrás saber quién es el ganador hasta que el juego haya terminado. Todo aquel que no haga lo que otro le pide será descalificado.

• Consigue diez autógrafos distintos, con nombres y apellidos (al dorso de la hoja).

• Desátale a alguien los cordones de un zapato y vuélveselos a amarrar (no de tu propio zapato).

• Consigue un cabello de seis pulgadas de largo, aproximadamente, de la cabeza de alguien (que la persona misma se lo quite).

• Que una chica haga un salto mortal y escriba su nombre aquí. ____________

• Que un muchacho haga cinco cuclillas y firme aquí. ____________

• Juega algún juego de niños y canta la canción a viva voz____________

• Haz 25 saltos y que alguien los cuente. Que esa persona firme aquí cuando hayas terminado.

____

• Haz la oración de saludo a la bandera tan fuerte como puedas.

• Haz cinco saltos rana sobre otra persona.

• Se te dio un pedazo de chicle (goma de mascar) al principio del juego. Mastícalo y haz diez globos. Encuentra a alguien que te vea hacerlos y que firme aquí cuando termines. ____________

Marcie Stockin

LOCOS POR EL FÚTBOL

Para romper el hielo en una reunión de otoño o durante la temporada del Súper Bowl, dale a cada participante una hoja de juego (ver página 25), donde figuran diversas actividades. El objetivo es ser la primera persona en completar cada actividad y en obtener la firma de un testigo. Cada una de las 15 tareas debe estar firmada por un testigo distinto.

Steve Smoker

FRAGMENTOS DE VIDEOS

Habla con los padres de los jóvenes de tu grupo y pídeles videos de cuando sus hijos eran chicos. Asegúrales que se los devolverás. Edita un video y muéstraselo al grupo en un evento social. Sólo necesitas poner un corto fragmento de cada uno. Anímalos que traten de descubrir quién es ése que aparece en pantalla. Las grabaciones viejas son divertidas, especialmente si obtienes imágenes de cuando eran bebes que los muestran en situaciones que seguramente quisieran olvidar. Joe Wright

ESCUELA LOCA

El objetivo de este juego es que todos se conozcan. Dale a cada joven una copia de Escuela loca (página 26). El primer jugador que tenga todas las tareas firmadas será el ganador. *Tom Lytle*

ADIVINA QUIÉN ES

Esta es una actividad para conocerse. Resulta fácil de preparar. Pídeles a los jóvenes que cada uno escriba algo sobre sí mismo que nadie sepa. Si les cuesta encontrar algo "desconocido", sugiéreles una mascota no común que puedan tener o una comida rara que les guste o su sándwich favorito. Si aún así no se les ocurre nada, pregúntales el apellido de soltera de la mamá. Recoge todas las respuestas.

Lee las pistas en voz alta y que los jóvenes traten de adivinar la identidad de quien dio la pista. Premia con 1000 puntos cada respuesta correcta (que los jóvenes cuenten sus puntos). Como premio puedes entregar una copia de la lista de miembros de la iglesia o una agenda para direcciones.

Jim Bourne

LOCOS POR EL FÚTBOL

RECLUTAR AL EQUIPO

_____ 1. Consigue que tres personas griten una de estas cosas: "Amamos a los Dallas Cowboys" o bien, "Odiamos a los Dallas Cowboys". Pide a cada persona de tu grupo que firme tu hoja de juego.

ENTRENAMIENTO

_____ 2. Consigue que alguien cronometre tu tiempo mientras corres en el lugar durante 20 segundos.

_____ 3. Búscate dos personas que salten contigo y que cuenten en voz alta.

_____ 4. Si eres varón, encuentra una chica de ojos azules y pregúntale: "¿Puedes ser mi porrista en el gran juego?" Si eres mujer, busca un varón de ojos café y pregúntale: "¿Puedo ser tu porrista en el gran juego?"

EL GRAN JUEGO

_____ 5. Forma un equipo con otras dos personas, hagan una ronda, pongan las manos en el centro, una sobre otra, y griten: "¡Vamos equipo!"

_____ 6. Persuade a alguien para que te haga un *tackle* (con cuidado).

_____ 7. Corre hacia alguien que no conozcas bien y dile: "¡Métame en el juego, entrenador!" Asegúrate de obtener su firma.

ENTRETIEMPO

_____ 8. Durante el entretiempo, estás en la banda de música. Convence a alguien para que te vea fingir que tocas el trombón mientras marchas de atrás para adelante. Tararea la canción mientras avanzas. No se te olvide hacer firmar la hoja a quien te mire.

_____ 9. Dirige a algún otro jugador en la realización de alguna coreografía que tu conozcas usando porras. Si no se te ocurre ninguna, invéntala y al final grita el nombre del pastor de jóvenes.

_____ 10. Corre hacia una persona del sexo opuesto y dile: "¡Por favor entrenador, póngame a mí!"

_____ 11. Haz una bola con este papel. Pídele a alguien que te lo arroje y después corre como si fueras a recibir un pase. Tírale el papel a la persona. Si a alguno se le cae el papel, deberán repetir los pases. Después, estira el papel para que quien te lanzó la bola, lo firme.

_____ 12. ¡Guau! Acabas de meter un "touchdown". Encuentra a un líder y choca su mano en el aire mientras gritas: "¡Hice el touchdown ganador!"

FINAL DEL GRAN JUEGO

_____ 13. Saluda a un amigo y dile: "¡Ahora soy famoso! ¿Te puedo dar mi autógrafo?" Firma la hoja de tu amigo.

_____ 14. Es tiempo de ir a los vestuarios para cambiarte las zapatillas. Consigue a otro jugador para que se quede a verte mientras te las sacas y te las vuelves a poner en el pie equivocado.

_____ 15. Repórtate a la persona que conduce este juego. Si eres el primero, el segundo o el tercero en completar la hoja, ¡prepárate para recibir un premio!

ESCUELA LOCA

1. Encuentra cuatro personas que no vayan a tu misma escuela. Después, formen un tren, toman- por los hombros a la persona que tienen delante, ordenadas según los grados a los que pertenecen y circulen alrededor del lugar recitando la oració a la bandera. Que cada miembro del tren firme la

__________ __________ __________ __________

2. Encuentra una pareja para jugar a Maestro-Director-Padre. Ambos permanecerán de pié, espalda contra espalda. A la cuenta de tres, rápidamente girarán adoptando una pose de maestro (la mano sobre la barbilla, como de alguien que está pensando), de director (manos sobre la cintura y con el ceño fruncido) o de padre (diciendo no con el dedo, en la cara del compañero). El maestro le gana al padre, el padre le gana al director, el director le gana al maestro. El perdedordebe poner sus iniciales en la hoja del ganador.

____

(El perdedor debe jugar con diferentes personas hasta que gane):

3. Busca dos personas. En el suelo formen la letra F y griten: "¡Debí haber estudiado más!" Que las otras dos personas firmen aquí.

__________ __________

4. Encuentra a alguien del sexo opuesto. Cada uno sumará el número de letras que componen su primer nombre, segundo nombre y apellidos. La persona que tenga el nombre más largo obtendrá la firma del perdedor en su papel: _________
(Si empatan, ambos ganan. Si pierdes, juega con otras personas hasta que ganes.)

5. ¡Es hora de la clase de educación física! Encuentra otras tres personas que hagan saltos de rana. Cada uno en tu grupo debe saltar al menos una vez. Que las otras ranas firmen tu papel. __________ __________

6. Encuentra alguien para jugar a la vencida. (Debes colocarte cara a cara contra el otro jugador, tomados las manos; cada uno tratará de empujar al otro para que mueva el pie). Se jugará con personas de edades y con texturas físicas semejantes. La primera persona que lo logre, ganará.El perdedor firmará aquí:

____

(Si pierdes, juega dos veces más contra otras per sonas; si sigues perdiendo, firma tu propio papel.)

NOMBRE ESCONDIDO

Esta idea se usó para un evento del día de San Valentín, pero se puede utilizar para cualquier otro tipo de encuentro. Cada participante recibirá un solapero con su nombre y una hoja con frases sobre el día de San Valentín. En cada frase está escondido el nombre de alguien que está presente en el evento.

- **No** **e**stoy jugando, te necesito. **(Noé)**
- Tus ojos, como el **mar, ta**pizan mi vida de azul. **(Marta)**
- **J'aime** te, mon cher **(Jaime)**
- A**dora**n tus labios mi corazón. **(Dora)**

Cuando el participante descifre el nombre oculto en cada frase, deberá pedirle a esa persona que firme su hoja. Los nombres deben estar escritos correctamente, pero también pueden aparecer con errores para que sea más difícil encontrarlos. Quien obtenga más firmas recibirá un premio. *Rowena Lee*

TENGO TU NÚMERO

A medida que los jóvenes llegan, dale a cada uno una hoja con un número que deben pegar en algún lugar visible de su ropa. Prepara de antemano instrucciones en tarjetas de papel y ponlas en una caja. Deben ser del tipo de:

- Pídele algo prestado al 1.
- Presenta al 2 y al 7.
- Que el 6 te traiga un vaso con agua.
- Averigua el segundo nombre del 12.

Cuando todos tengan su número, cada joven sacará una tarjeta de instrucciones. Una vez que completen las instrucciones, regresan y obtienen una nueva tarjeta. Al concluir el tiempo límite (cinco minutos) el que haya completado más instrucciones ganará. Asegúrate de hacer suficientes tarjetas. *Arthur Crouse*

CRUCIGRAMA HUMANO

Haz un crucigrama similar al que aparece más abajo, con casilleros horizontales y verticales que se crucen en distintos puntos. Diséñalo pensando en algunos nombres de los que integran el grupo, pero añade espacios para que los chicos coloquen otros, usando su propio ingenio. Premia a aquellos que completen la mayor cantidad de nombres en el crucigrama. *Glenn Embree*

Crucigrama humano

Busca e intenta conseguir tanta gente como te sea posible durante el tiempo límite. Averigua sus nombres y apellidos y utilízalos en el crucigrama. Las letras deben coincidir arriba o abajo con otros nombres. Utiliza los espacios para aquellos nombres que no coincidan. Se permiten apodos (Por ejemplo, Francisco/Paco; Elizabeth/Liz). ¡Diviértete y llena tantos espacios como puedas!

3 letras ______	7 letras ______
4 letras ______	8 letras ______
5 letras ______	9 letras ______
6 letras ______	10 letras ______

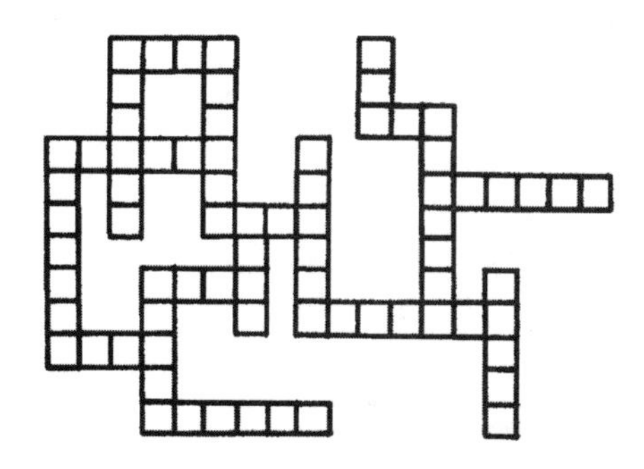

ME GUSTARÍA SABER

¿Quieres que los jóvenes se conozcan mejor entre sí? Dale una hoja y un lápiz a cada uno. Que ponga su nombre y debajo escriba: "Una de las cosas que más me gustan de ti es...". En mitad de la página debe colocar: "Una pregunta que siempre quise hacerte es..."

Entonces, que los jóvenes intercambien los papeles y completen las oraciones anteriores, en función del nombre que tengan en la hoja. Que vuelvan a intercambiar los papeles varias veces para que la hoja tenga muchas afirmaciones y preguntas acerca del dueño de la hoja. Cuando las hojas vuelvan a sus dueños, dales tiempo para leer lo que los demás hayan escrito sobre ellos. Después, uno a uno leerán y contestarán las preguntas que les hayan hecho. Puede haber muchas sorpresas aunque el grupo se conozca muy bien. *Ed Laremore.*

ROMPEHIELOS

Esta actividad es, literalmente, un rompehielos. Los jóvenes se sientan en un círculo (en el suelo o alrededor de una mesa) con una cubeta de llena de cubos de hielo en medio. A medida que dicen sus nombres, ponen un hielo sobre el suelo o la mesa y los van apilando. La meta es hacer una torre de hielos lo más alta posible. Si quieres que jueguen por largo rato, haz que vuelvan a comenzar la torre cada vez que se caiga un cubo. En cada ronda, los jóvenes deberán decir algo nuevo de ellos mismos, puede ser la fecha de cumpleaños, la comida, la canción o la película favorita. Para que el desafío sea mayor, que los jugadores repitan las respuestas que den los otros antes de dar las propias. Por ejemplo, si Javier es el cuarto jugador de la ronda de comida favorita, debe decir: "A Catalina le gustan las salchichas, a Pedro la pasta, a Rebeca la pizza y a mi me gustan los sándwiches de jamón." *Keith Curran.*

PATENTES CREATIVAS

Dales a los jóvenes placas en blanco del tamaño de las patentes de auto. Pueden ser de papel o de cartón. También entrégales marcadores. Que diseñen su propia patente, como las que se ven en la calle, combinando letras de sus nombres: RBK, por Rebeca, por ejemplo. Anímalos a combinar con creatividad los números y las letras. Establece un límite para el número de dígitos o de letras que pueden utilizar en cada placa.

Cuando todos hayan terminado, pídeles que comparten el significado. Resultarán premiadas las más originales, divertidas, cómicas o creativas. Se pueden usar como tarjetas de identificación durante el resto del evento. *Greg Fiebig.*

IDENTIDAD

Cuando cada joven llegue al salón deberá completar una etiqueta con su nombre y ponerla en una canasta. Una vez que todos hayan llegado, pídeles que se pongan de pié y formen un círculo. Pasa la canasta y que cada uno tome un nombre (no el propio), sin permitir que nadie vea qué nombre le tocó.

Entonces, deberán girar hacia la izquierda y pegar la etiqueta en la espalda de la persona que está parada delante. El objetivo del juego es que cada uno descubra qué nombre tiene pegado en la espalda. Para descubrir su identidad pueden hacer a los demás preguntas que se respondan por sí o por no, como: "¿Soy pelirrojo?" o "¿Tengo puesto un jean?" Sólo pueden hacer dos preguntas a cada persona.

Cuando un participante descubre el nombre que tiene en la espalda, debe buscar a esa persona, ponerle las manos sobre los hombros y seguirlo por todos lados. A medida que las personas van descubriendo su identidad, el tren crece hasta llegar a unir a todo el grupo. *Craig Naylor*

ENTREVISTA

Divide al grupo en parejas y dales uno o dos minutos para que uno de ellos entreviste al otro y le pregunte cosas como cuál es su materia favorita, aquella que menos le gusta, el momento más gracioso que ha vivido o el más vergonzoso que pasó. Después convoca a algunos de los entrevistadores para que presenten a su pareja al grupo y contesten algunas preguntas sobre ellos. Luego se realiza un cambio de parejas y se utilizan nuevas preguntas. Puede repetirse con efectividad de tres a cinco veces. *William C. Moore.*

PERMÍTEME PRESENTARME

He aquí un rompehielos para grupos que se conocen relativamente poco. Pídele a los adolescentes que escriban un párrafo corto sobre ellos mismos. Diles que sean un poco generales, que traten de esconder su identidad, pero que sean veraces. Entrega los párrafos a un lector que los reproduzca en voz alta y permita que el grupo discuta y adivine la identidad del autor. La persona que lo escribió debe participar en la discusión para no darse por aludido. El objetivo es tratar de engañar al grupo. Esto animará a los jóvenes a compartir cosas de ellos mismos que los demás no conozcan. Funciona mejor en grupos de alrededor de diez personas. *George E. Gaffga*

CONOZCÁMONOS

Saca una fotocopia de la lista que está en la página siguiente para cada miembro del grupo. Los jóvenes deben llenar los espacios en blanco con la firma de alguien que encaje con la descripción. La primera persona que complete todos los casilleros o la que tenga más firmas cuando acabe el tiempo establecido, será el ganador.

JUEGO DE NOMBRES

Antes de la fiesta o de la reunión busca en un libro de nombres el significado del nombre de cada joven del grupo. Copia cada uno en una tarjeta distinta (sin incluir el nombre) y distribuye entre los líderes del grupo respuestas clave que permitan establecer una correspondencia entre el nombre y su significado. Despliega las tarjetas sobre una mesa y cuando los jóvenes lleguen, pídeles que cada uno escoja la tarjeta que piense que contiene el significado de su nombre.

Los que escojan incorrectamente deben intercambiar sus tarjetas hasta encontrar el significado de sus nombres. Después, divididos por parejas, los jóvenes deben contestarse el uno al otro al menos estas preguntas:

- ¿Cómo te sientes con respecto al significado de tu nombre?
- ¿Por qué te pusieron el nombre que tienes? (¿Te dieron ese nombre por algún familiar o amigo?)
- ¿En qué lugar te gustaría ver tu nombre algún día? (¿En un edificio, en un libro o en alguna pantalla?)

Después de cinco minutos, reagrupa a los participantes y pídeles que presenten a los demás con la información que han recabado. Puedes darles este ejemplo como patrón a seguir: "Mi amigo es Jonatan; su nombre significa regalo de Jehová y el piensa que eso tiene onda. Lo bautizaron así por un tío y le gustaría, algún día, ver su nombre en un libro. " *John Berstecher*

¿QUIÉN SERÁ?

Esta es una buena forma para que los jóvenes de un grupo se conozcan mejor. Dale a cada persona tres hojas o tarjetas, para que escriba algo sobre sí mismo en cada una.

Se sugieren cosas como:

- La situación más bochornosa que viví.
- Mi ambición secreta
- La persona que más admiro
- Mi mayor complejo.
- Si tuviera un millón de dólares, los invertiría en....

Se recogen todas las tarjetas y se distribuyen de nuevo, tres a cada uno. Nadie debe quedarse con alguna de sus propias tarjetas. Cuando se dé la señal, todos tratarán de encontrar al que escribió cada tarjeta. Deben circular por todos lados, haciéndose preguntas para determinar al que es la tarjeta que tienen. El primero que descubra a los dueños de las tres tarjetas, gana. Una vez que todos hayan terminando, se puede pedir que cada uno comparta lo que descubrió de los demás. *Cecelia Bevan*

CONOZCÁMONOS

Instrucciones: Consigue la firma de la persona que más se ajuste a la descripción.

1. Uso enjuague bucal marca Listerine: _______
2. Mi casa tiene tres baños: ________
3. Recibí más de dos multas: ________
4. Soy pelirrojo/a: ________
5. Alguna vez me gritaron por pasar mucho tiempo en el baño: ________
6. Estuve en la cabina del piloto del avión: _______
7. Toco la guitarra: ________
8. Me encanta comer muslos de rana: ________
9. Estuve en Hawai: _______
10. Uso la misma marca de pasta dentrífica que tú:________
11. Estuve en un retrete: ________
12. Veo reposiciones de viejas comedias de televisión:_______
13. Cuando practiqué esquí acuático logré pararme al primer intento: ________
14. Sé lo que significa la palabra "carisma": ______
15. Me encanta el brócoli: ________
16. Soy zurdo: ________
17. Siempre llevo un encendedor o una caja de fósforos: ________
18. Tengo un baño para mí solo: ________
19. No conozco tu apellido: _______
20. Tengo un apellido que no es común: ________

MUCHO EN COMÚN

Reparte a cada joven una etiqueta autoadhesiva con consignas para completar, del tipo de: color preferido, grupo musical favorito, la película de este año que más te gustó, programa de televisión favorito, lugar preferido para ir a comer. Los jóvenes colocarán sus propias respuestas y después se pegarán en la ropa la etiqueta. Cuando todos hayan terminado, cada persona tratará de encontrar a otro participante que haya hecho las mismas elecciones que él, o bien que resulten las más parecidas. *Joyce Crider.*

DERECHA O IZQUIERDA

Este es un buen juego para cuando hay muchas personas nuevas en el grupo de jóvenes. Que el grupo forme un círculo y elija a alguien que se coloque en el centro. El elegido señala a una persona y grita: "derecha" o "izquierda". Después, cuenta hasta cinco lo más rápido que pueda (que se entiendan los números). La persona señalada debe gritar el nombre de la persona que está a su derecha o a su izquierda (según lo que se le haya indicado) antes de que la persona que está en el medio cuente hasta cinco. Si no lo logra, pasará a ocupar el lugar del centro. El grupo deberá formar un nuevo círculo, intercambiando las posiciones de vez en cuando. *Dan Sewell*

OH, NO

Dale a cada joven unas fichas, canicas o lo que sea. Todos deben comenzar con la misma cantidad. Después, deberán empezar a hablar entre ellos. Está prohibido decir "sí" o "no".

Quienes lo hagan deberán entregar una ficha a su interlocutor. Es difícil evitar usar esas palabras en una conversación normal, así que este juego producirá, sin duda, muchas risas. Dale un premio a la persona que junte más fichas. *Charles V. Boucher*

CONOCE A LA PRENSA

Primero, que los jóvenes conversen entre ellos y traten de averiguar sobre los demás cosas que no sepan de antemano. Después de cinco minutos, divídelos en equipos.

Una persona será escogida al azar para participar de "Conoce a la prensa". El elegido se sentará en el frente. Cada equipo recibirá papel y lápiz y deberá escribir el nombre del elegido y, a continuación, una lista de 20 afirmaciones acerca de esa persona. Dales cinco a diez minutos para prepararla.

Cuando la hayan completado, recoge los papeles y que cada grupo lea la lista en voz alta. El equipo con la mayor cantidad de afirmaciones correctas será el ganador. El elegido decide si las afirmaciones son verdaderas o no. Si existe un empate, se puede asignar mayor valor a las afirmaciones que no resultan obvias. Por ejemplo, "nació en México" (excepto que viva ahí) o "le gusta Shakespeare" revela un mayor conocimiento de la persona que "es pelirroja".

Este ejercicio no sólo resulta divertido sino que promueve la comunión dentro del grupo. Puedes también adaptarlo. Por ejemplo, que la lista la haga cada uno en lugar de hacerla en equipos. O bien, en grupos más pequeños. También puedes elegir a más de una persona por reunión para que "Conozca a la prensa". *Tom Bougher*

EL GLOBO DE LA VERGÜENZA

Pídeles que cada miembro del grupo que se separe medio metro de los demás. Infla un globo extra grande y, mientras lo sostienes del cuello, cuéntales que cuando lo sueltes y termine de desinflarse, quién quede más cerca del globo deberá contar a todo el grupo el momento más bochornoso que ha vivido.

Después, suelta el globo. Mientras la primera víctima piensa qué va a decir, otro joven debe inflar un nuevo globo que será liberado cuando el primer jugador termine su relato. Este rompehielos funciona mejor si lo haces bien dinámico.
Todd Capen

BÚSQUEDA DE NOMBRES

El propósito de esta actividad es que personas que no se conocen mucho entre sí, puedan familiarizarse con los nombres de los demás miembros del grupo. Asegúrate de que a la vista no haya ninguna lista con los nombres de los jóvenes. En lugar de eso entrega una tarjeta identificatoria a cada participante, para que ponga su nombre y se la coloque en algún lugar visible. Después, dale una sopa de letras con nombres de algunas de las personas que están presentes.

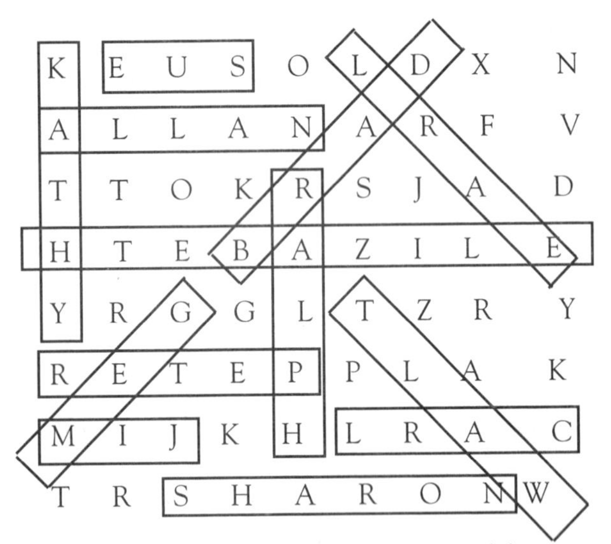

Para resolver la sopa de letras la gente debe saber cuáles son los nombres que busca. Por eso, todos deben caminar por el salón con su identificación a la vista. *Bruce H. Schlenke*

ETIQUETA CON RISA

Algunas planchas de etiquetas para impresoras y unos marcadores es todo lo que necesitas para estos dos rompehielos.

- Tatuaje. Este rompehielos sirve como recordatorio de que la identidad de cada miembro es lo que hace fuerte al cuerpo de la iglesia. Cada jugador escribirá su nombre en todas las etiquetas de la plancha. Apenas suene la señal de inicio, los jóvenes comenzarán a "tatuar" a los demás con sus etiquetas. Deberán presentarse a la persona antes de tatuarla. Al primero que se le acaben las etiquetas será el ganador. Segundo saldrá aquél que obtenga más etiquetas. Antes de que se quiten sus tatuajes, pídeles que revisen los nombres que tienen pegados.
- Firmas pegajosas. En esta variante del juego, Alicia (una supuesta jugadora) debe llenar su plancha de etiquetas con firmas de otros. Tras firmar una etiqueta de Alicia, otro participante saca una etiqueta suya y se la pega a Alicia en el codo, en el hombro, en la nariz, o donde sea que no tenga todavía otra etiqueta (dentro de los límites del buen gusto y el respeto). Dale un premio a la persona que, dentro del plazo establecido, tenga pegadas mayor cantidad de etiquetas sobre su cuerpo. *Pat McGlone y Bekcy R. Ker*

ROMPEHIELOS DE ETIQUETAS CON NOMBRES

En este rompehielos encontrarás buenas sugerencias para grupos que no se conocen muy bien entre sí. Prepara etiquetas grandes (del tamaño de un hoja A4) para cada persona y escribe su nombre en el centro, dejando suficiente espacio para escribir otras cosas. Cuando todo esté listo para comenzar, dale a cada uno la etiqueta de otra persona y que ellos encuentren a quién pertenece. Cuando lo hayan encontrado le colocarán la etiqueta. Una vez que todos tengan puestas las suyas, seguirán caminando para pedir a otros que firmen su cartel. Después de 10 ó 15 minutos, detén el juego y quien tenga más firmas ganará un premio.

CONCURSO DE DIBUJO

Esta idea es muy divertida y funciona como rompehielos, aun si los estudiantes no se conocen muy bien. Entrega a cada participante un par de hojas blancas y lápices de colores para dibujar. Después, que se pongan de a dos y que cada uno dibuje un retrato del otro (de los hombros para arriba). Dales entre 15 y 30 minutos para trabajar. Que escriban el nombre de la persona que dibujaron detrás de la hoja.

Cuando todos hayan terminado, numera los retratos y cuélgalos en la pared. Vuelve a distribuir hojas y lápices, para que los jóvenes traten de adivinar quién es la persona que aparece en cada dibujo.

Se otorgará un premio a quien haya dibujado mejor, o bien a quien haya adivinado más nombres. También puedes hacer que los chicos voten por el mejor retrato, el más gracioso, o alguna otra categoría. Kim Swenson

ACERTIJO DE NOMBRES

Este juego requiere una dosis de creatividad de tu parte, pero bien vale la pena el esfuerzo. Haz una lista de los nombres de los jóvenes de tu grupo y después trata de componer acertijos o juegos de palabra con cada nombre. Con la mayoría de los nombres se pueden armar acertijos, si se piensan bien. Imprímelos y entrégaselos a los jóvenes para que traten de completar los espacios en blanco con nombres o apellidos. Aquí hay algunos ejemplos de acertijos para que te des un idea de lo que se puede hacer:

- ¿Qué apellido dio Dios a Adán y Eva? __________ (Pere-cerás) (Pérez)
- ¿Con quién dice la Biblia que no debemos orar? ________ (Orad sin cesar) (César)

Charles W. Stokes

BINGO DE GENTE POSITIVA

Prueba este rompehielos en la próxima fiesta. Funciona muy bien sobre todo con personas que se conocen bastante y que pudieran necesitar aumentar su autoestima. ¿Y quién no?

Busca personas que encajen con las descripciones que aparecen en la página 34. Después, pídeles que firmen los casilleros que los describan. (Cada persona puede firmar sólo una vez en cada hoja de bingo.) Habrá dos ganadores: uno, el que tenga cinco firmas en línea horizontal, vertical o diagonal; y el otro, el que al finalizar el tiempo establecido tenga más cuadros firmados. *Nick Tomeo*

BINGO DE GENTE POSITIVA

UN BUEN AMIGO	UNA PERSONA DULCE	ALGUIEN QUE ANIMA A LOS DEMÁS	UN CRISTIANO FUERTE	ALGUIEN AMABLE
UNA PERSONA CÓMICA	ALGUIEN CON BUENAS IDEAS	UN SER CARIÑOSO	ALGUIEN AMOROSO	UNA PERSONA BUENA
ALGUIEN COOPERADOR	ALGUIEN QUE SABE ESCUCHAR	UNA PERSONA OSADA	ALGUIEN GENTIL	UN LOCO, EN EL BUEN SENTIDO
UN LÍDER	ALGUIEN DIVERTIDO	UN TALENTOSO	UNA PERSONA AGRADABLE	ALGUIEN QUE ME HACE SENTIR BIEN
UNO QUE SABE SONREIR	ALGUIEN QUE COMPRENDE A LOS DEMÁS	UNA PERSONA AMIGABLE	UN SER PACIENTE	ALGUIEN CREATIVO

COINCIDENCIAS

Este es un buen juego para usar como rompehielos. Hace que la gente converse y se relacione con otros y es muy divertido. Debes escribir frases como estas:

• Siempre como tocino con mis **huevos**.

• Tarzán vivía en la jungla con su esposa **Jane**.

• El valor del dólar americano es de aproximadamente **40 centavos**.

• Para llamar la atención de una mula primero debes golpearla con una **madera**.

• ¿De qué sirve un sándwich de manteca de maní sin **manteca de maní**?

• Habla suavemente pero no dejes de llevar un **palo**.

Las palabras que aparecen en negrita deben escribirse sobre el lado derecho. Luego se cortará en dos la tarjeta.

Se reparten las mitades de tarjetas (las grandes y las pequeñas) a cada uno de los participantes. La consigna es que cada uno busque a la persona que tiene la otra parte de su tarjeta y que contiene el final o el principio de la oración que le ha tocado. Para hacerlo deben ir de persona en persona, presentarse y ver si las tarjetas coinciden. Algunas combinaciones pueden resultar muy cómicas. Cuando dos participantes creen que sus tarjetas coinciden, deben llevárselas al líder que tiene las respuestas para chequear si la frase es correcta. Si es así, pueden sentarse. Otra variante del juego consiste en darle a cada uno dos tarjetas, una grande y otra chica, para que traten de encontrar las que en verdad coinciden. *Kenneth Richards.*

VEINTE COSAS QUE NO SABÍA DE TI

Pídeles a los jóvenes que se junten de a dos con alguien que no conozcan bien. Después distribuye copias de la encuesta que figura en la página 36. Deben descubrir cosas desconocidas del otro, acerca de los temas sobre los que se pregunta en la encuesta. Cada uno debe escribir en su hoja las respuestas de su compañero. *Keith Curran*

EL JUEGO DE LAS ESTADÍSTICAS

Divide al grupo en equipos de igual cantidad de integrantes. Dale a cada equipo una copia de la lista de preguntas que debe evaluar y contestar, tal como se indica. Cada grupo escogerá un capitán que anote las respuestas. Se puede hacer el juego alrededor de una mesa.

A continuación encontrarás preguntas y escalas de puntaje. Puedes utilizar otras preguntas que consideres más apropiadas para tu grupo o para esa ocasión. *Angus Emerson*

EL JUEGO DE LAS ESTADÍSTICAS

___Si le asignas a enero un punto, a febrero dos, y así sucesivamente a lo largo del calendario, suma los puntos que reúne tu equipo. (Pregunta en qué mes nació cada uno, ¡no hace falta el año!)

__________Si sumas un punto por cada diferente estado o provincia del país en el que hayan nacido los miembros de tu equipo, ¿qué puntaje obtienes?

__________Suma los números de calzado de todos. Solo un pie.

__________Suma el total de operaciones que cada uno haya tenido. Cuentan tanto las operaciones importantes como las odontológicas, siempre y cuando no se haya tratado simplemente de la extracción de un diente. ¡Tendrás tiempo de contar cuántas son, no de escuchar todos los detalles!

__________Anota un punto por cada prenda o accesorio hecho a mano que lleven puesto tus compañeros.

__________ Suma el número total de millas (o kilómetros) que haya viajado cada miembro del equipo para llegar a la reunión.

VEINTE COSAS QUE NO SABÍA DE TI

___________ Tu mes favorito

___________ En tu opinión, la peor estación de radio

___________ Cuánto calzas

___________ Los nombres de tus abuelos

___________ El tiempo de duración de la relación más larga con una novia o un novio.

___________ ¿Alguna vez manejaste un auto?

___________ ¿Te gusta cazar?

___________ Lo que más te gusta de Jesús.

___________ ¿Qué te gusta pedir en McDonald's?

___________ El apellido de soltera de tu mamá.

___________ Dónde prefieres sentarte en la iglesia.

___________ Tu personaje bíblico favorito.

___________ El nombre de tu maestro de educación física.

___________ Dónde naciste.

___________ El color de los calcetines que tienes puestos.

___________ Tu sabor de helado preferido.

___________ Tu bebida favorita.

___________ ¿Alguna vez has metido un gol?

___________ ¿Te gustan las verduras?

___________ Muéstrame, si puedes, alguna cicatriz. (Indica el lugar donde la tienes.)

REVUELTO DE NOMBRES

Este es un buen rompehielos para grupos grandes (de 15 personas o más) que no se conozcan entre sí. Reparte recortes de papel y lápices para que cada uno haga un anagrama de su nombre. Es decir, que escriba su nombre, mezclando el orden de las letras. Si te llamas Javier López, puedes escribir: "Variej Olzep"

Todos los anagramas serán depositados en un sombrero y cada participante volverá a sacar uno de esos papelitos. Cuando des la orden de comenzar, los jóvenes deberán tratar de descifrar el anagrama que les haya tocado, solos o con la ayuda de otros. Una vez que descubran el nombre oculto, buscarán a la persona a los gritos o preguntando a cada uno cómo se llama. Cuando lo encuentren, deberán pedirle que les firme el papel.

El juego finalizará cuando acabe el tiempo límite, o cuando todos hayan develado los anagramas. *Bob Bilanski*

ETIQUETAS EN TU CARA

Ésta es una buena actividad para conseguir que la gente se conozca entre sí cuando integra grupos grandes. Escribe el nombre de cada persona en una etiqueta (si es redonda, mejor) y luego distribúyelas todas al azar. Los jóvenes deberán pegárselas en la cara. Después, cada uno buscará su nombre en la cara de otro. Cuando lo encuentre, tomará la etiqueta y se la pegará en su camisa o abrigo. Se quedará con la persona que la tenía hasta que también ella encuentre su nombre. Es un buen método para que los jóvenes entren en contacto con nuevas caras en poco tiempo. *Don Rubendall*

RETRATOS AL DESPERTAR

Ésta es una idea muy divertida, pero requiere un poco de trabajo previo. Junta a un grupo de líderes que estén dispuestos a levantarse temprano un sábado. Con el permiso de los padres de los chicos, deberán ir a la casa de estos jóvenes antes de que se despierten para sacarlos de la cama. Llevarán una cámara y les tomarán fotos mientras abren los ojos, todos dormidos y en pijama. Después, simplemente se irán.

Cuando hayas conseguido un buen número de fotografías, muéstralas en la reunión de jóvenes. A los chicos les gustará ver las caras de dormidos de los demás. También puedes usar las fotos para recaudar fondos, pidiéndole a los jóvenes fotografiados que paguen cierta cantidad de dinero para no exhibir su retrato. El dinero se puede donar para algún proyecto del equipo de misión. *David C. Wright.*

DE AQUÍ A DIEZ AÑOS

Este juego es una buena manera de que los jóvenes se conozcan mejor. Divídelos en grupos de ocho o diez chicos. Que cada joven escoja a la persona a la que menos conozca y que se vaya con ella a un rincón del salón. Deberán hacerse mutuamente preguntas como:

- ¿Cuánto ha cambiado tu personalidad (si es que ha cambiado) en los últimos cinco años?
- ¿Qué cosas te gusta hacer?
- ¿Qué cosas no?
- ¿Tienes algún pasatiempo preferido? Si es así, ¿cuál es?
- ¿Puedes contarme alguna situación bochornosa que hayas vivido?
- ¿En qué te destacas?
- ¿En qué situación te sientes más cómodo? ¿Y más incómodo?
- ¿Cuál es la materia de la escuela que más te gusta? ¿Y la que menos te interesa?
- ¿Qué cosas te molestan más últimamente?
- ¿Tienes algún héroe o alguna persona que admires?

Cuando todos hayan terminado, se juntarán en grupos. Pídeles que piensen en la persona que acaban de entrevistar y traten de hacer una predicción que comience así: "De aquí a diez años será..." Todos compartirán su predicciones con el resto del grupo. *Bob Gleason*

¿QUIÉN SOY?

Haz una copia del cuestionario que aparece en la página 40. Obtendrás datos de cada joven, como cuál es su comida favorita, su fecha de cumpleaños, la ciudad donde nació, el color de sus ojos, el lugar que más les gusta para ir de vacaciones, su personaje bíblico favorito, el programa de televisión preferido, el nombre de alguien a quien admira, su color favorito, el color de su cabello, la estación del año que más le gusta, lo que más valora en la vida, un pasatiempo o interés que tenga y la mayoría no conozca, su canción favorita, un problema mundial que considere significativo.

A medida que los jóvenes llegan al encuentro, dales el cuestionario para que lo completen sin colocar sus nombres. Después, pégalos al azar en la espalda de los jugadores. Los participantes tendrán que intentar descubrir su nueva identidad mediante preguntas que se respondan por sí o por no.

Cuando crean haber descubierto su nueva identidad, se quitarán la hoja de la espalda y escribirán su nombre al comienzo de la hoja y al final el nombre de quien creen que completó ese cuestionario. A medida que entreguen las hojas, numéralas en el orden en que las recibiste, ya que los ganadores serán los tres o cuatro primeros. Una vez que obtengas todas las hojas, léelas una por una, para que todo el grupo trate de adivinar a quién describe cada una. Después, pide a la persona que completó el cuestionario que se ponga en pie. Dales premios a los ganadores. *Tommy Baker.*

EMBUSTERO

Esta es una actividad interesante para grupos que se conocen bastante bien entre sí. Pídele a cada uno que piense tres afirmaciones sobre su propia persona: dos ciertas y una falsa. La afirmación falsa debe sonar creíble y no siempre se debe decir última. El resto del grupo tratará de adivinar cuál es la mentira. *Don Klompeen.*

BINGO DE PERSONAS

Dale a cada jugador una tarjeta de bingo en blanco. (Ver página 41). Los jugadores deberán llenar los casilleros al azar, con nombres de los otros jugadores. Si sobran casilleros, que los tachen con una X. Llena una gorra con papelitos que contengan los nombres de todos los jugadores. Al azar, empieza a sacar los nombres de la gorra. Los chicos marcarán el nombre en su casillero con una X. El primero en completar una hilera de X, ya sea horizontal, vertical o diagonal, será el ganador.

CORRAL DE CUMPLEAÑEROS

Este juego funciona muy bien con grupos grandes. Reparte entre los jóvenes copias de la lista que aparece a continuación. Pídeles que presten atención a lo que dice el mes en el que cumplen años. Cuando las luces se apaguen, deben pararse y hacer lo que indica la lista. Si encuentran otra persona que hace lo mismo que ellos, los dos se tomarán del brazo y buscarán otros del mismo mes para formar el equipo. Cuando se hayan juntado todos los que cumplen años en el mismo mes, deberán sentarse. Ganará el primer equipo que encuentre a todos sus miembros.

- **Enero** : Grita "¡Feliz año nuevo!"
- **Febrero**: Di "Feliz San Valentín"
- **Marzo**: Infla los cachetes y sopla (como el viento de marzo)
- **Abril**: Salta (como un conejo de Pascua)
- **Mayo**: Di "¡Me desmayo!"
- **Junio**: Di "¿Te quieres casar conmigo?"
- **Julio**: Haz sonidos de fuegos artificiales
- **Agosto**: Canta una canción de cumpleaños.
- **Septiembre**: Debes caerte (como las hojas)
- **Octubre**: Grita "¡Buuu!"
- **Noviembre**: Imita a un pavo
- **Diciembre**: Di "¡Jo jo jo, Feliz Navidad!"

EL JUEGO DE LOS FRIJOLES

Se le da a cada joven un sobre con 20 frijoles. Todos deben tomar una cierta cantidad de esos frijoles y circular por el salón pidiéndoles a los otros participantes que adivinen si tienen un número par o impar de frijoles en la mano. Si la persona acierta, obtiene los frijoles de quién le preguntó. Si se equivoca, debe entregarle la misma cantidad de frijoles que el otro tiene en su mano. Los que se queden sin frijoles, pierden. Al finalizar el tiempo establecido, quien tenga más frijoles resulta ganador.

- **Siete Frijoles**. Cada uno recibirá siete frijoles. Deben entonces mantener conversaciones con los demás jóvenes sin decir ni "sí" ni "no". Si alguien lo hace, deberá entregarle un frijol a la persona con la que está hablando. El juego continúa durante 10 ó 15 minutos. La persona que obtiene más frijoles gana un premio. *Jerry Summers*

BINGO HUMANO

Dale a cada jugador una tarjeta de bingo en blanco. (Ver página 42). Cada casillero debe ser firmado por una persona que encaje con la descripción detallada allí. El primer participante que llene cinco casilleros en línea, gana. *Bobbie B. Yagel*

TÓMALE LA PATENTE

Reparte lápices y papeles a los participantes. Explicarles que al darles una señal (como por ejemplo, golpear una cacerola con su tapa) deberán chocar el hombro de algún otro que esté cerca. Cada vez que se produzca un choque, las dos personas involucradas en él deberán detenerse e intercambiar sus datos, tal como si completaran un informe de accidente para la compañía de seguros: el nombre, la dirección, el número de teléfono, sus estudios, su dirección electrónica, el número de licencia de conducir y otros datos que consideren importantes. La actividad continuará hasta que todos haya chocado seis u ocho veces. Este es un buen rompehielos y también una manera de que los jóvenes intercambien teléfonos y direcciones de correo electrónico con otros. *Marv Walker*

CONFUSIÓN FAMILIAR

¿Quieres que los jóvenes y sus padres interactúen y se diviertan? Distribuye fotocopias del juego que aparece en la página 43 y ten a la mano lápices para quienes los necesiten. Después, establece un tiempo límite para completar la actividad. Quizás quieras conversar sobre los resultados al final. *David C. Wright*

COMIDA, GLORIOSA COMIDA

Utiliza el juego de la página 44 en el siguiente banquete o evento que incluya un almuerzo o cena. También puede ser usado como parte de algún proyecto que se refiera al hambre, a la desnutrición o a la falta de alimentos. *Daniel Harvey*

MONEDITAS

Que cada adolescente traiga moneditas sueltas y da comienzo a la actividad con esta versión del bingo. Dale a cada chico una hoja del juego (página 45). Después, cada uno buscará personas que tengan las monedas que se describen en el cartón de bingo, o bien que puedan contestar correctamente la pregunta. Quien forme cinco en línea, ya sea vertical, horizontal o diagonal, ganará el juego. *Rick Jenkins*

TIRA CÓMICA

Toma una tira cómica del periódico que tenga ocho o nueve cuadros. Corta cada cuadro por separado. Pega uno en la espalda de cada joven. Deberán tratar de encontrar a los participantes que tengan las imágenes de la misma tira y ponerse en el orden correcto. Como tienen los cuadros en la espalda, tendrán que esforzarse por comunicarse y hacerse entender.

Para grupos más grandes, utiliza distintas tiras cómicas (preferentemente las que tengan el mismo número de cuadros) y pégalas al azar en la espalda de los jóvenes.

Entonces el juego tendrá un desafío extra: encontrar a aquellos que tengan la misma tira cómica. El equipo ganador será el primero que se coloque siguiendo la secuencia correcta de los cuadros. *Laurence E. Jung.*

GRUPOS DE VOLEIBOL Y DEBATE

Este juego combina la diversión que implica un juego de voleibol con la de un debate en grupo. Divide al grupo en equipos, como para un juego de voleibol. Después de cada cinco puntos que obtengan, los jugadores que estén parados sobre una misma línea imaginaria que atraviese la cancha, formarán distintas rondas. El líder deberá realizar una pregunta de debate, de este tipo: "Si pudieras ir a cualquier parte del mundo, ¿a dónde elegirías ir?". Todos darán una respuesta. Después se volverán a formar los equipos. Como los jugadores deben rotar después de cada punto, el grupo de discusión será diferente cada vez. Eso hace de este juego un gran rompehielos. *Glen Bolger*

¿QUIÉN SOY?

INSTRUCCIONES:
No coloques aquí tu nombre si eres quien ha respondido el cuestionario.
Coloca aquí tu nombre verdadero una vez que hayas adivinado tu nueva identidad "¿Quién soy?".

____

Día y mes de cumpleaños

Ciudad (en la que vives)

Color de los ojos

Lugar favorito para irte de vacaciones

Personaje bíblico favorito

Programa de televisión favorito

Persona que tiene gran influencia sobre ti (que no sea de tu familia)

Color favorito

Lo que más valoras en la vida

Color de cabello

La epóca del año que más te gusta

Un pasatiempo o interés que tengas (alguno que la mayoría no conozca)

Canción favorita

Algo que valoras en tu vida

Un problema mundial que te preocupe

Indica cuál es tu identidad "¿Quién soy?" una vez que la hayas descubierto.

____

BINGO DE PERSONAS

BINGO HUMANO

Alguien con un ojo de cada color	Alguien que tenga un perro	Alguien que use lentes de contacto	Un estudiante bilingüe (que hable con fluidez ambos idiomas)	Alguien que ha nacido en otro país
Alguien que tiene una motocicleta	Alguien que hoy haya comido en McDonald's	Coloca tu propia firma	Alguien al que le guste correr	Alguien que toque la guitarra
Alguien que tenga tres hermanos	Alguien que tenga cabello rubio y largo	Alguien que haya estado en Canadá	Alguien que tenga calcetines azules	Alguien al que le haya ido mal en una cita este fin de semana
Alguien con barba	Un fotógrafo amateur	Alguien que pese más de 100 kilogramos.	Alguien que tenga un auto rojo	Alguien que tenga un sombrero de cowboy
Alguien que sea pelirrojo	Alguien que haya sacado una calificación alta en español	Alguien que juegue al fútbol	Alguien que tenga un caballo	Alguien que se haya quebrado un hueso

CONFUSIÓN FAMILIAR

1. El juego del Woo-woo

Encuentra cinco personas que hayan nacido en la misma cuarta parte del año que tú. Identifícate haciendo el sonido apropiado, como se indica abajo:

Enero / febrero / marzo: "¡Woo!"
Abril / mayo / junio: "¡Woo-woo!"
Julio / agosto / septiembre: "¡Woo-woo-woo!"
Octubre / noviembre / diciembre: "¡Woo-woo-woo-woo!"

Una vez que todos los de tu mismo grupo se hayan encontrado, tómense de las manos, den vueltas y canten. Después uno de los miembros deberá colocar sus iniciales aquí: _____

2. Vacaciones familiares

Forma un grupo de cuatro integrantes: papá, mamá y "los niños". Armen un tren; cada uno tomará por la cintura al que tiene adelante. Papá irá al frente y guiará el tren, que atravesará el salón, zigzagueando de un lado para el otro. Mientras, los niños protestarán porque el viaje se está volviendo muy largo. Repetirán la pregunta sobre cuándo van a llegar e indicarán que necesitan parar para comer e ir al baño. Al final, un miembro de la familia pondrá sus iniciales aquí: _______

3. Cooperación familiar:

Júntate con otras dos personas. Siéntense en el suelo, espalda con espalda y con los brazos entrelazados. En esa posición y sin soltarse, intenten levantarse. Después de que lo hayan logrado, que un miembro del grupo ponga sus iniciales aquí: _____

4. Consigue una cita (sólo para jóvenes)

Camina a lo largo del salón del brazo de alguien del sexo opuesto, sin que te vean tus padres. Si te ven, debes volver a intentarlo con otra persona. Haz que tu "cita" ponga tus iniciales aquí: _____

5. Cena familiar

Forma un grupo de cinco miembros, que incluya padres e hijos. Canten canciones de comerciales de televisión referidas a restoranes de comida rápida. Al finalizar, uno de los miembros del grupo pondrá sus iniciales aquí: _____

6. Comunicación familiar.

Busca un joven (si eres padre) o un padre (si eres joven) y alguien que tenga un reloj con segundero. Tápate los oídos y párate delante del otro (de tu papá o de tu hijo). Por diez segundos deberás gritar las frases que más repite. Ejemplos para hijos: "¡Nunca me escuchas! ¡Todos mis amigos lo hacen! ¡No confías en mi!" Ejemplos para padres: "¡Cuando yo tenía tu edad…! ¡No me importa quién lo hace! Mientras vivas bajo mi techo…" La persona que controla el tiempo debe poner sus iniciales aquí: _____

Comida, Gloriosa Comida

1. Busca dos personas que hayan nacido en la misma época del año que tú, repitiendo la palabra que corresponde a tu grupo de comida.

Enero / febrero / marzo: PAN. "Pan, pan, quiero pan".
Abril / mayo / junio: CARNE. "Oink, oink, oink".
Julio / agosto / septiembre: VEGETALES. Grita el nombre de la verdura que menos te guste, por ejemplo: "¡Brócoli, brócoli, brócoli!"
Octubre / noviembre / diciembre: LACTEOS. "¡Muu!"

2. Una vez que hayan formado un grupo de tres, nombren seis comestibles que empiecen con la letra S. Una persona del grupo debe poner sus iniciales aquí: _______

3. Busca a alguien y juntos griten siete veces: "¡No me gustan los bufetes!" Tu compañero pondrá sus iniciales aquí: ______

4. Encuentra a alguien que le guste el hígado (¡Guácala!) y que esa persona ponga sus iniciales aquí: _______

5. Busca un nuevo compañero y cuenten cuántos dientes tiene cada uno. Coloca el número de dientes de tu compañero aquí: ______. Y que ponga sus iniciales aquí: _______.

6. Busca otro compañero y comprueba si puedes pellizcar su brazo una pulgada. Entonces, dile a esa persona que debe comer más cereal. Pídele que ponga su inicial aquí: ______

MONEDITAS

Una moneda acuñada entre 1970 y 1975	Completar un dólar con monedas	Una moneda de más de 25 años	15 centavos	Seis monedas iguales
Una ficha del metro o de videojuegos	Una moneda acuñada entre 1981 y 1983	¿De quién es la cara, en la moneda de 25 centavos?	Cinco monedas de diez centavos	Una moneda de plata
Una moneda anterior a 1950	Una moneda con inscripciones pequeñas	Una moneda extranjera	¿Qué presidente aparece en la moneda de diez centavos?	Ninguna moneda de 25 centavos
¿Qué símbolo tienen tus monedas?	¿Cómo se llama el edificio o la imagen que tiene tu moneda de 10?	Una moneda acuñada entre 1951 y 1955	60 centavos exactos en monedas	Una moneda de 25 centavos de 1972
50 centavos	Cuatro monedas de 25 centavos	Una moneda de 1983	Una moneda de cinco, una de diez, una de veinticinco y una de cincuenta	Alguien que lance una moneda tres veces al aire y siempre caiga del mismo lado

REUNIONES

CONCURSOS PARA INICIAR
REUNIONES

Para utilizar estos concursos como apertura de un encuentro, necesitarás dos o tres valientes que participen de alguna competencia loca mientras el resto del grupo mira. Como resultado obtendremos muchas risas y aplausos. Todos los concursos han sido pensados con una buena intención. El objetivo no es que los participantes se sientan humillados. Sin embargo, como existe el riesgo potencial de que alguien se sienta puesto en evidencia a causa de los juegos, debemos tomar todos los recaudos necesarios y animar a que algunos se ofrezcan como voluntarios.

DESCUBRE DE QUIÉN ES EL ROSTRO

Esta actividad funciona muy bien en grupos grandes en los que no todos se conocen. Antes de la reunión, toma algunas fotos a tres o cuatro jóvenes con una cámara instantánea. Deben estar dispuestos a hacer caras chistosas y que distorsionen sus rasgos. La consigna es disfrazarse sin utilizar disfraz. Cuando todos hayan llegado, reparte las fotos y pídeles a los jóvenes que traten de descubrir quién es la persona retratada. El primero que identifique y conduzca al joven correcto hacia el frente, gana.

HASTA QUE REVIENTE

Pídele a varios jóvenes que se paren en línea y dale a cada uno un globo. El objetivo es inflar el globo hasta que se reviente. Puedes hacerlo más competitivo: forma equipos y dale a cada uno una bolsa de globos. El primer equipo que infle todos los globos hasta que revienten, gana.

CARRERA PELA-MANZANAS

Varios jóvenes competirán para ver cuál logra ser el primero en pelar una manzana, sin que la cáscara se corte, de modo que quede convertida en una larga tira, de principio a fin. Pueden usar un cuchillo o un pelador. El ganador obtendrá una bolsa de manzanas, una manzana acaramelada o una botella de jugo de manzanas.

NO QUIEBRES LA ESPALDA

Un joven pasará al frente y deberá acostarse sobre tres sillas. Tendrá tres puntos de apoyo: la cabeza, el trasero y los pies. Una vez que se haya colocado así, sacarás la silla del medio (la que está debajo de su trasero) la pasarás por sobre su estómago y volverás a colocarla bajo su trasero, pero del otro lado, mientras el participante continúa sostenido sólo por la cabeza y los pies. Si alguna parte de su cuerpo tocara el suelo, él perdería. Registrarás el tiempo que resiste en esa posición. Después harás lo mismo con otros dos jóvenes. Ganará el que resista más.

BOMBARDEO

Varias parejas de jóvenes deben pasar al frente para competir entre ellas. Uno de los dos integrantes se acostará de espaldas, con un vaso desechable en la frente. El otro deberá pararse con una pierna a cada lado del cuerpo de su compañero, abrir un huevo, y, sin agacharse, conseguir que el contenido del huevo caiga dentro del vaso. La pareja que lo logre será la ganadora. *Bill Flanagan.*

ALEJA LA BOTELLA

Este es un concurso que requiere de bastante fortaleza. Sólo necesitas dos botellas de refresco (tamaño corriente), una línea de partida y marcadores o tiza. Los concursantes, parados detrás de la línea, con una botella vacía en cada mano, "caminarán" con ellas, alejando las botellas lo más posible de la línea de partida, sin mover sus pies ni apoyar sus rodillas en el suelo. Entonces dejarán una de las botellas en el punto más alejado que puedan (un ayudante realizará una marca en el piso) y "volverán" saltando sobre sus manos hasta la línea de inicio, apoyándose sobre la otra botella (que siempre debe quedar parada). Los concursantes deberán terminar sobre sus pies, sin haberse caído en ningún momento. Es recomendable hacerlo sobre piso alfombrado. La altura de las personas constituye un factor importante, pero la práctica y la técnica cuentan aun más. El ganador es aquel que logra colocar la botella a mayor distancia. *Kathryn Lindskoog.*

HERMANO Y HERMANA

Este juego es similar a los concursos de parejas, pero en lugar de recién casados, los que participan son una joven y su hermano. Intentarán sumar el mayor número de puntos que puedan. El chico debe salir del cuarto y la hermana contestará una serie de preguntas sobre él. Apuntará las respuestas con marcador en una cartulina. Cuando el joven regrese, se sentará en una silla y la hermana levantará detrás suyo el cartel con las respuestas. Por cada acierto, la pareja recibirá una cierta cantidad de puntos. Repetir el proceso enviando fuera a la hermana. El que haya acumulado más puntos será el ganador. Algunas respuestas provocarán mucha risa.

Aquí tienes algunos ejemplos de preguntas para ellas:

- ¿Qué es lo más loco que ha hecho tu hermano?
- ¿Cuál es su comida favorita?
- ¿Qué es lo que más te gusta de tu hermano?
- Describe a tu hermano con una palabra.
- ¿Qué es lo más cruel que te ha hecho a ti?
- ¿Cuál es su color favorito?
- ¿A pensar en qué cosas dedica más tiempo?
- Si se te cumpliera un deseo, ¿qué pedirías para tu hermano?
- ¿Qué programa de televisión le gusta más?

Ejemplos de preguntas para ellos:

- ¿En qué pierde más el tiempo tu hermana?
- Si tú fueras ella, ¿qué cambiarías de ti mismo?
- ¿Cuántas discusiones mantienes con ella por semana, aproximadamente?
- ¿Quién obedece más a papá y mamá, tú o tu hermana?
- ¿Qué animal le gusta más?
- ¿Cuál es la materia del colegio que más le gusta?
- ¿Con qué frecuencia limpia su cuarto?
- ¿Cuánto tiempo dedica a hablar por teléfono?
- ¿Recuerdas algo que haya hecho de pequeña que la metiera en problemas?

Puedes usar distintas versiones de este juego con otro tipo de parejas (amigos, padres e hijos) y con preguntas más generales.

EMBOCA LA ZANAHORIA

Amarra una zanahoria a un cordón (de unos 60 centímetros de largo) para que se pueda balancear. Amarra el otro extremo del cordón a los pantalones de un voluntario. Necesitarás una botella de boca ancha vacía (puede ser de leche) El objetivo es lograr que la zanahoria caiga dentro de la botella sin utilizar las manos. Resulta muy divertido de ver.

RISA ENLATADA

Llena varias bolsas de basura con latas de gaseosas

para que compitan tres o más jóvenes entre sí, a ver quién puede armar la pila de latas más alta, en un determinado tiempo. El ganador obtendrá una lata de gaseosa como premio.

LA DONA YO-YO

Amarra una dona a un hilo elástico de 35 centímetros (pueden ser muchas banditas elásticas atadas). Unta la dona con chocolate. Un joven se acostará en el suelo y otro, sin agacharse, intentará darle de comer la dona. Para ello, deberá impulsarla hacia abajo como un yo-yo, de modo de que el joven que está acostado logre morderla. ¡El movimiento de la dona le embarrará toda la cara con chocolate! *John Splinter.*

FRUSTRACIÓN

El grupo A (formado por dos o más personas) saldrá del salón para seleccionar una historia y después regresará. El grupo B (constituido por dos o más personas) tratará de descubrir cuál es esa historia con preguntas que se respondan por sí o por no. Ejemplos: "¿Se trata de un hombre o una mujer? ¿Sucede en San Francisco?"
Sin embargo, lo que realmente sucede es que cuando el grupo A salió, no eligió una historia sino que estableció un código según el cual, todos saben qué contestar. Por ejemplo, si el grupo B hace una pregunta que termina en vocal, el grupo A contesta "sí". En cambio, si la oración finaliza en una consonante, responden "no". El grupo B contará su propia historia sin darse cuenta. ¡Los resultados pueden ser desopilantes!
También pueden acordar que si la pregunta termina con la letra S, responderán "es probable". Este juego llevará a que el grupo B se sienta frustrado, ¡hasta el extremo de querer atacar al grupo A!
Peter Poole.

LAGARTIJAS A LA CREMA

Escoge dos jóvenes que crean tener un físico muy deportivo. Competirán para ver quién puede apilar tres fichas en el suelo con la boca, mientras hacen lagartijas (fuerza de brazos). Aclárales que los cuerpos no deben tocar el suelo en ningún momento. Déjalos practicar una vez antes de comenzar la competencia. El que lo logre, será el ganador. Pero, atención: aquí viene lo divertido. Tápale los ojos al ganador y pídele que vuelva a hacerlo, sin ver. Esta vez, colocarás una torta con crema batida debajo de su cara. ¡Disfrútalo!.

He aquí algunas sugerencias:
- No utilices crema de afeitar; el jugador puede olerla.
- Utiliza diferentes tipos de fichas para cada jugador.
- Anúncialo como un concurso deportivo. No permitas que descubran que se trata de una trampa, porque no funcionará.

DESGRÁNALO CON LOS PIES

Dale a cada jugador un choclo. Los participantes deberán desgranarlos con los pies. Está prohibido usar las manos. Quién termine primero o haya hecho el mejor trabajo, dentro del tiempo límite, será el ganador. Otorga un premio apropiado, como palomitas de maíz o una bolsa de palitos de maíz.

PEINADOS LOCOS

Si el grupo es pequeño, forma a todos en parejas para este juego. Si se trata de un grupo grande, puedes seleccionar tres o cuatro parejas para que participen. Uno de los dos será el estilista, y utilizará crema de afeitar para crear un peinado loco en la cabeza de su compañero (necesitarás un tubo de crema de afeitar por estilista). Que un panel de jóvenes otorgue los premios a las diferentes categorías, como, por ejemplo, el peinado más raro, el más creativo, el más feo, y otros.

HUEVOS QUE CAEN

Si el grupo es pequeño, todos se dividirán por parejas para este juego. Si es un grupo grande, puedes seleccionar a tres o cuatro parejas para que participen. Uno de los integrantes de cada pareja se parará sobre su compañero, que estará acostado en el suelo, boca arriba. El participante que está en pie recibirá un huevo de plástico con una canica dentro para que pese algo más. Cuando suene la señal, dejará caer el huevo sobre la cabeza de su compañero. El que está en el suelo deberá quedarse acostado, con sus manos sobre el piso, hasta que su pareja haya soltado el huevo. Entonces tratará de atrapar el huevo antes de que le pegue. Para hacerlo más difícil, podrías utilizar huevos de verdad en vez de los de plástico.

LUCHA CON LOS PIES

Intenta una pulseada con los pies en lugar de una pulseada con las manos. Las parejas deben sentarse en el suelo, entrelazar los dedos de los pies y, cuando escuchan la señal, procurar que la otra persona apoye el pié en el suelo.

HUEVOS VOLADORES

Divide el grupo en parejas que se paren frente a frente, a una distancia de un metro y medio. Cada equipo recibirá un huevo. Cada vez que des la orden, las parejas deberán arrojarse el huevo el uno al otro. Los que consigan hacerlo sin que se les rompa, darán un paso atrás. La última pareja que quede con el huevo intacto, será la vencedora. Otra variante: utiliza globos llenos de agua en lugar de huevos.

DECORACIÓN DE CARA

Necesitarás varias parejas para este juego. Un miembro de cada equipo recibirá los elementos necesarios para decorar un pastel: tubos para esparcir la cobertura, crema batida, dulces de colores, y otros. Pero, en lugar de una torta, deberá decorar la cara de su compañero. Los "decorados" deberán quedarse acostados, y cuando sus compañeros hayan finalizado el trabajo, se pondrám de pie, como para que un panel de jueces o el público juzgue quién tiene más cara de pastel.

MALVAVISCO COLGANTE

Organiza a los jóvenes en parejas (jugador A y jugador B) y dale a cada una un cordón y dos malvaviscos. Al oír la señal, los participantes amarrarán un malvavisco a cada extremo del cordón. El jugador A sostendrá un malvavisco con la boca mientras permanece de pie frente al público. El jugador B se colocará a su lado, como a 50 centímetros de distancia y de perfil.

Únicamente con movimientos de cabeza, el jugador A comenzará a mecer el cordón, de un lado al otro como un péndulo, mientras que el jugador B intentará atrapar el malvavisco colgante con la boca. El jugador B sólo podrá mover la cabeza. Ganará la pareja en la que el jugador B haya conseguido atrapar el malvavisco.

LEE LA PLANTA DE MIS PIES

Cuenta cuántas letras tiene el nombre de tu iglesia o de tu grupo. Selecciona la mitad de voluntarios de las letras que has contado. Si es un número impar, redondea para arriba. (Por ejemplo, si tienes 17 letras, llama a nueve voluntarios.) Pídeles que se sienten en el piso del escenario, de cara al público, y que se quiten los zapatos. Pinta una letra del nombre de la iglesia en cada planta de pie, mezclando su orden. Escribe las letras en grande y con un marcador grueso. Cuando des la señal, deben tratar de reordenar sus pies, de modo que el público pueda leer el nombre de la iglesia. Pero, deben hacerlo sin levantarse, ni cambiar de posición.

SILVA Y ERUCTA

Dales cinco galletas saladas a cinco jugadores y una lata de gaseosa a cada uno de sus compañeros. Al oír la señal, los participantes deben comer las galletas y chiflar mientras que sus compañeros toman toda la gaseosa y eructan. La primer pareja que termine, gana. Cada uno debe tener éxito en su propia misión para que el equipo gane.

OCHENTA CENTÍMETROS PARA EL MALVAVISCO

Corta pedazos de cuerda de ochenta centímetros y amarra un malvavisco al final de cada uno. Al oír la señal, cada participante tomará la cuerda por el extremo libre con su boca, y sin utilizar las manos, la irá haciendo subir hasta llegar al malvavisco. La primer persona que logre comérselo será el ganador. Como premio puedes entregar bolsas de malvaviscos.

ORDEÑE DE GUANTES

Llena parcialmente dos guantes de látex con leche. Cuelga cada uno de un palo. Dos asistentes tuyos pincharán con un alfiler los dedos de los guantes, la misma cantidad de veces y en simultáneo. Después, dos concursantes tratarán de ordeñarlos en dos cubetas. Quién obtenga más leche dentro del tiempo límite, ganará.

PESCA DE UVAS

Prepara bastante gelatina como para llenar un par de moldes de pasteles. Debe quedar un poco blanda. Antes de refrigerarla, pon cinco uvas dentro de cada recipiente. Tres concursantes tratarán de pescar las uvas de la gelatina y de ponerlas en tazas de plástico. Deberán usar sólo los dientes y no las manos. El ganador será aquel que saque las cinco uvas y las ponga en la taza, o el que saque más uvas y las ponga en la taza antes de que se termine el tiempo.

BOLITAS DE GRASA

Este es un juego divertido y muy gracioso. Dale a cada concursante dos platos (preferentemente de cartón o plástico). Entrégale también a cada uno 25 pompones de algodón. Tendrán que untarse la nariz con vaselina. Después, con las manos en la espalda, intentarán trasladar los copos de un plato a otro, usando sólo su pegajosa nariz. El primero que termine sin haber utilizado ni las manos ni la lengua, será el ganador. Puede soplar y empujar los copos, pero sólo con la nariz. El ganador recibirá todas las bolitas de algodón y el tarro de vaselina usado. *Anna Dail.*

ESPOSADOS

Coloca dos personas espalda con espalda. Después habrá que maniatarlas con los extremos de una cuerda de 60 cm. El objetivo es que se liberen sin desatar el nudo y, por su puesto, sin romper la cuerda. Varias parejas pueden competir al mismo tiempo. La primera que se libere, será la ganadora. El secreto: para que puedan escapar, pasa el cordón de uno de los participantes por entre las muñecas del otro y viceversa.

¡CUÉLGALA DE LA NARIZ!

Con sólo un paquete de cucharitas de plástico y un poco de práctica podrás romper el hielo en tu grupo. Previamente, en tu casa, practica colgar una cucharita de tu nariz. Debes frotarte la punta de la nariz con la manga de la camisa, y después respirar profundamente sobre la parte cóncava de la cuchara. Luego colócala sobre la punta de tu nariz y colgará por la acción de la estática.

Enséñale a todo el grupo este truco y comienza el concurso:

- Para ver quién puede mantener más tiempo la cuchara sobre la nariz
- Para ver quién puede quitarse la cuchara de la nariz utilizando solo la lengua.
- Para ver quién puede colgarse la cuchara de cualquier parte de la cara o de los brazos.

Obsequia premios divertidos a los ganadores. ¡Y lleva cucharas de diferentes tamaños y estilos, para que los chicos prueben los tamaños! *Carley Toeus*

HOUDINI

Pide a tres parejas que pasen al frente. Después dale a cada mujer una cuerda de 6,5 metros de largo. En tres minutos, ellas deberán amarrar a los varones lo más fuerte que puedan. Cuando acabe el tiempo, los hombres concursarán a ver quién puede liberarse primero de las ataduras. El que se desate más rápido ganará un premio, que en realidad será para la mujer de la pareja. Anima a las chicas a que amarren a los hombres lo más fuerte que les resulte posible, incluso pueden hacerlos acostar en el suelo y atarlos de pies y manos.

CARRERA DE LIMONES

Llama a tres voluntarios "valientes". Dales un limón a cada uno. Al oír la señal de inicio, deberán pelarlo y comérselo todo excepto las semillas y la cáscara. Ganará el primero que lo termine.

CONCURSO DE LIMONADA

En lugar de tomar limonada exprimida y dando por cierta la premisa de que "todo se mezcla en el estómago", los participantes deberán comer y tomar los ingredientes de una limonada, todo por separado: beberán un vaso de agua, comerán un limón (sin cáscara y sin semillas) y tragarán una cucharada de azúcar. El primero que termine será el ganador. *Len Kageler*

RELLENO DE ROPA INTERIOR

Consigue dos conjuntos de ropa interior extra grande y dáselas a dos jóvenes para que se los pongan sobre la ropa. El resto del grupo deberá inflar globos (50 globos grandes o 100 pequeños). Dos asistentes del mismo sexo que los participantes los ayudarán a meterse los globos dentro de la ropa interior, en todo lugar donde quepan. La meta es, en dos minutos, meter la mayor cantidad posible de globos. Utiliza un alfiler para hacer el recuento y con mucho cuidado, pincha los globos dentro de la ropa interior.

CIRCULA POR EL CÍRCULO

Corta tiras de papel de regalo de 3,5 por 28 centímetros y dale una a cada uno de los participantes. También reparte tijeras y cinta adhesiva e imparte las siguientes instrucciones: Deberán estirar la cinta y pegar uno de los extremos del lado de colores, con el extremo del lado en blanco. Han creado una cinta de Moebius, que es una figura descubierta en 1800 por un matemático alemán llamado Moebius.

Dibuja una línea por el centro de la cinta y marcarás ambas caras de la cinta sin haber levantado el lápiz. Terminarás donde comenzaste. Esto prueba que la figura tiene solamente un lado.

Si con una tijera cortas la tira por sobre la línea que marcaste, hallarás que la cinta de pronto tiene el doble de su tamaño, pero ya no es una cinta de Moebius. Tiene dos lados otra vez. Finalmente, vuelve a cortar esta delgada tira de papel por la mitad de su ancho. ¿Qué obtienes? No una tira larga sino dos unidas entre sí.

¿Qué es lo que demuestra todo esto? Todavía no se ha determinado, pero seguramente, con un poco de creatividad, podrás aplicarlo a algo. *Kathlyn Lindskoog.*

CAÍDA DE MALVAVISCO

Seis jóvenes formarán tres parejas. Tres de ellos se acostarán en el suelo. Sus compañeros les arrojarán grandes malvaviscos llenos de jarabe de chocolate, parados y desde una altura de un metro. Los jugadores acostados intentarán atrapar los malvaviscos con la boca y comerlos. Quien coma más malvaviscos dentro del tiempo límite que se haya establecido será el ganador. Restar puntos si los malvaviscos caen al suelo.

MAQUILLAJE MONSTRUOSO

Recubre el suelo con un plástico y ten a mano suficientes toallas. Selecciona tres parejas para el evento. Tres de los voluntarios se sentarán de frente al grupo. Los compañeros les obsequiarán una sesión gratuita de maquillaje. Utilizarán cosméticos como crema de maní, pasta de dientes, jalea, migas de pan y otras cosas. El público juzgará quién ha logrado el maquillaje más feo.

PANTALÓN DE TRES PIERNAS

Previo a la reunión debes coser varios pares de pantalones viejos de la siguiente manera: corta la costura externa de la pierna derecha de un pantalón y la izquierda del otro.

Después, cose las piernas abiertas unidas, para que formen una sola. (Ver el diagrama). Utiliza pantalones grandes. Las parejas deben ponerse los pantalones y, al escuchar la señal, correr hacia la meta. *Larry Houseman.*

MOMIA

Seis jóvenes formarán dos grupos de tres. Dale a cada grupo varios rollos de papel de baño o toallas de papel absorbente. Un participante de cada grupo debe ser envuelto de cabeza a pies, como una momia, por sus compañeros. Recibirá el premio la momia que se vea mejor.

SOMBREROS MUSICALES

Seis jóvenes deberán pararse en círculo, mirando todos hacia el centro. Cinco de ellos se pondrán sombreros o gorras. Cuando escuchen la señal —o cuando comience la música—, cada uno deberá tomar el sombrero de la cabeza de la persona que tenga enfrente y colocarlo en su propia cabeza. Es necesario que cambien continuamente de sombreros hasta que la música se detenga. Quién haya quedado sin sombrero entonces, saldrá del juego. Asegúrate de tener siempre un sombrero menos que el número de jugadores. Cuando sólo haya dos jugadores, se pararán espalda contra espalda, y tomarán el sombrero de la cabeza del otro. El último en tener el sombrero puesto cuando la música se detenga será el ganador.

CUIDADO CON EL PERIÓDICO

Que dos jugadores se pongan en cuatro patas, uno frente al otro y con los ojos tapados. Deberás unir sus manos izquierdas. En la derecha, cada jugador tendrá un periódico enrollado. Podrá realizar tres intentos para pegarle al otro participante. El que recibe los golpes puede moverse para tratar de esquivarlos, pero sin soltar la mano del otro jugador. El que reciba más golpes es el perdedor. Inténtalo con diferentes parejas.

ARTE NASAL

Pega tres hojas de papel afiche en doble grosor sobre la pared. O coloca tres caballetes con papel para dibujar. Selecciona tres voluntarios que pinten sobre el papel, pero, en lugar de usar pinceles para esparcir la pintura, tendrán que hacerlo con su propia nariz. Los otros jóvenes votarán por la mejor pintura.

DESTREZA CON LA NARIZ

Llama a un par de jóvenes para que se sienten frente al público. Pídeles que echen la cabeza hacia atrás para que puedas poner una moneda sobre su nariz. La misión de los jugadores será arrojar la moneda sin mover la cabeza. El primero que lo consiga será el ganador.

EL JUEGO DE LAS PANTIMEDIAS

Consigue dos pares de pantimedias tamaño grande. Dos jugadores deberán quitarse los zapatos y ponerse uno de los pares sobre los calcetines y la ropa. Pero antes deberán haberse colocado en las manos guantes de jardinero. Ganará el primero que logre subirse las pantimedias hasta las caderas.

LAVADO DE NARIZ

Llama a tres parejas al frente. Pon una bola de crema para afeitar sobre la nariz de uno de los miembros de cada pareja. El compañero deberá intentar limpiarle la crema con una pistola de agua desde una distancia de por lo menos un metro (seis pies).

CARRERA DE OBSTÁCULOS

Arma una pista de obstáculos con mesas, sillas y cualquier cosa que tengas a mano. Después, envía algunos voluntarios afuera del salón y véndales los ojos. Tráelos de regreso a la pista de a uno, pero antes de que entren, quita todos los obstáculos. Diles que deben caminar cuidadosamente, esquivando los obstáculos (que ya no existen). Después, sorpréndelos al quitarles las vendas de los ojos.

CONCURSO DE PASTELES

Puede que sea un juego viejo, pero es aún uno de los más divertidos. Organiza una competencia en la que el desafío sea que los adolescentes coman la crema de los pasteles sin usar las manos. Establece un límite de tiempo y otorga un premio al que haya comido más y al que haya quedado con la cara más embadurnada.

CARRERA DE PING-PONG

Dale a cada jugador una pelota de ping-pong y un espantasuegras. Los participantes deberán poner las pelotitas en el suelo y empujarlas utilizando sólo los espantasuegras (pitos serpentina. No pueden soplar directamente sobre las pelotas ni tocarlas. Ganará el primero que cruce la meta.

LEVANTA LA BOTELLA

Veamos quién puede pararse sobre un pie, sostener el otro con una mano y al mismo tiempo levantar una botella de gaseosa con los dientes. El que lo consiga en el menor tiempo será el ganador. El que se caiga quedará fuera del juego.

A BOCA LLENA

Llama a un par de voluntarios que se precien de tener la boca bien grande. Deberán competir a ver quién logra ponerse más uvas, malvaviscos o palomitas de maíz en la boca sin tragarlos. Los demás jóvenes irán contando las piezas a medida que se llenen la boca.

BILLETERA PISTOLERA

Busca dos jóvenes que tengan billetera. Estos deberán pararse frente a frente y cuando oigan la señal, competirán para ver cuál es más rápido al sacar la billetera del bolsillo trasero, tirarla al aire y atraparla con la boca, al estilo pistolero. Otra manera de introducir este juego es preguntar quién quiere ganar algo de dinero. Cuando los voluntarios pasen al frente, dale a cada uno un billete que guardarán en la billetera antes de meterla en el bolsillo trasero. Al oír la señal, sacarán la billetera —al estilo pistolero— tomarán el billete, lo pondrán en el suelo y se sentarán encima de él. Quien tarde más deberá darle su billete al ganador. *Joe Rice.*

CONCURSO DE DIBUJO RÁPIDO

Dos personas deberán pararse sobre el escenario, espalda contra espalda, de modo que el jugador A quede de frente al grupo y el jugador B de frente al pizarrón, con un marcador o una tiza en la mano.

Dale al jugador A un objeto pequeño. Puede ser una lamparita, un destornillador o un control remoto. Él deberá describírselo al compañero. El jugador B tendrá que dibujarlo sin verlo. No vale describir para qué se usa. Controla el tiempo que tarda cada pareja en lograr adivinar el objeto y dibujarlo. Quienes lo consigan en menos tiempo serán los ganadores. Para hacer el juego más sencillo, permite al jugador A ver el dibujo mientras describe el objeto.

SÁCATE LA LIGA

Colócale a cada participante una liga o una bandita elástica alrededor de la cabeza, a la altura de la punta de la nariz. El jugador deberá usar los músculos faciales para intentar hacerla bajar hasta el cuello sin utilizar las manos.

ZAPATO QUE VUELVE

Sácale los cordones a dos pares de zapatos viejos y bien grandes. Haz un agujero en cada talón y úsalo para atar allí la punta de un elástico de algo más de un metro de largo. Coloca dos sillas a unos seis metros de distancia una de la otra. Ahora, amarra los elásticos de los zapatos a las patas de las sillas (un par por silla). Dos jóvenes se pondrán los zapatos e intentarán acercarse para intercambiar el calzado. Todo tendrán que hacerlo sin utilizar sus manos. Si alguno de los zapatos regresa a la silla, el jugador tiene que comenzar de nuevo. Competirán varias parejas, para ver quién puede hacerlo en el menor tiempo posible. Pídele a algunos jóvenes que se sienten en las sillas para que los jugadores no las arrastren al caminar.

AMARRE DE CORDÓN

Avísales de antemano a los jóvenes que vengan en zapatillas o con zapatos que tengan cordones. Pídeles que se formen por parejas. Uno de los dos deberá desatarle el cordón de un zapato al otro. Y éste deberá intentar anudárselo con una sola mano y sin ninguna otra ayuda. Ganará la pareja que termine primero.

PULSEADA DE HOMBROS

Dos jóvenes se sentarán espalda con espalda en el suelo y con los brazos entrelazados. Cada uno deberá intentar que el hombro derecho del otro toque el suelo. Es como una pulseada, pero en la que se utiliza todo el cuerpo.

DISPARO DE NARIZ

La idea de este juego es medir a qué distancia pueden lanzar los jugadores un pedazo de cereal de desayuno utilizando el aire de la nariz. Marca una línea detrás de la cual cada jugador deberá pararse. Se colocarán el pedazo de cereal en una de las fosas nasales. Cuando tú digas: "¡ya!", se taparán la otra fosa y soplarán por la nariz con toda la fuerza que tengan. Quién lance el cereal más lejos será el ganador.

Este es un rompehielos increíble, y también puede funcionar muy bien como parte de un evento en el que se realice una serie de concursos de tiro al blanco. *John K. Larson, Jr.*

ESCULTURA DE ESPUMA

Dale a cada pareja un envase de crema para afeitar en aerosol. Ellos entonces colocarán una buena cantidad de crema sobre una mesa cubierta de plástico o sobre un plato. Tendrán dos minutos para hacer una escultura. El público juzgará cuál es el mejor trabajo.

ESPAGUETIS HASTA LA CORONILLA

Elige varias parejas y dale a cada una un plato de espaguetis cocidos fríos. Uno de los dos participantes acomodará sobre la cabeza del otro los espaguetis, como si fuera un bello peinado. Deberá hacerlo en menos de un minuto. Entrega premios a diferentes categorías como: el peinado más natural, el más raro, y otros.

PELOTA RETORCIDA

Convoca varias parejas y coloca una pelota de voleibol (o de un tamaño similar) entre la frente de la joven y la del muchacho. Sin utilizar las manos y sin que se les caiga, deben hacer que la pelota baje hasta sus rodillas y después vuelva a subir. Las manos de ambos deben permanecer detrás de las espaldas. Si se les cae la pelota, deben empezar de nuevo. *Bryan Pearce, Jr.*

GRAN SONRISA

Mide la boca de cada persona con una regla, para descubrir quién tiene la sonrisa más grande. Ofrece premios para el primer puesto, para el segundo y para el tercero, según el tamaño de la boca. Los premios pueden ser pasta dentífrica, enjuague bucal, cepillo de dientes, chicles sin azúcar, e hilo dental, entre otros.

SORBETE

Solicita a tres varones voluntarios que pasen al frente. Cada uno obtendrá un sorbete de plástico. La idea es que metan todo el sorbete dentro de la boca, mordiéndolo. No vale usar las manos. Es más difícil de lo que te imaginas. La primer persona en hacerlo, gana. *Roger Copland.*

¿PASAS POR LA TARJETA?

Dale a cada participante una tarjeta de 6 x 10 cm. y una tijera. Explícales que este es un concurso para ver quién puede hacerle un agujero a la tarjeta y pasar a través de él. ¡Es posible!

Puede hacerse si cortas bien la tarjeta:

1. Dobla la tarjeta por la mitad y corta por las líneas punteadas como se muestra abajo en la figura A.
2. Después abre la tarjeta y corta por el doblez, con mucho cuidado de no cortar la tarjeta en dos partes, como se muestra en la figura B.

Cuando desdobles la tarjeta, habrás hecho un agujero lo suficientemente grande como para poder pasar a través de él. William Chaney.

CARRERA DE SORBETES

Pídeles a tres o cuatro jóvenes que se pongan en la boca la punta de un sorbete. El objetivo es que lleguen al otro extremo usando sólo la boca, sin las manos. Todos deben comenzar al mismo tiempo. La única forma de hacerlo es usando la boca y la lengua. Sus expresiones faciales al intentar lograrlo tendrán al público muerto de risa. *Brad Winkler.*

DIEZ DEDOS ON THE ROCKS

Llena dos recipientes con hielo y mete diez canicas en el fondo de cada uno. Dos jugadores deben quitarse los zapatos y calcetines y tratar de sacar las canicas con los dedos de los pies. No se puede voltear el recipiente ni tirar el hielo. El primer jugador que logre sacar todas las canicas del recipiente será el ganador.

JUEGO DE EXPRIMIR

Dos jugadores se pararán uno frente al otro. Coloca un globo grande entre ellos. Controla cuánto tiempo le lleva a la pareja reventar el globo, utilizando sólo la presión de sus cuerpos. La pareja más rápida gana.

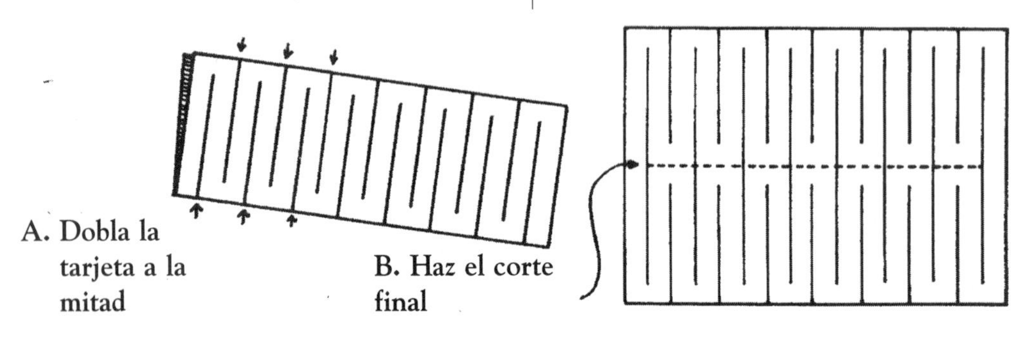

A. Dobla la tarjeta a la mitad

B. Haz el corte final

ESPASMO DE LENGUAJE

Un joven debe tratar de ganarse cinco dólares diciendo estas sencillas palabras: "alumno, anúlemelo". Primero, debe repetirlas muy lento. Explícale que es para asegurar que puede pronunciarlas correctamente. (Que el público lo aplauda.) Después, debe repetirlas juntas y rápido, unas cuatro veces seguidas en cinco segundos para ganarse el dinero. Las palabras deben ser pronunciadas correctamente.

Lo más probable es que nadie gane el dinero.

LA PRUEBA DEL TOMATE

Tres parejas de jóvenes colocarán un tomate entre sus frentes. Mientras lo sostienen sin utilizar las manos, uno de los dos jugadores intentará ponerle el zapato al otro.

VUELTAS Y SALTO

Pide a tres voluntarios que pasen al frente y prueba este simple juego. Dale a cada uno un palo de unos 40 cm. de largo. Diles que sostengan el palo derechito a la altura del brazo, con ambas manos, para que lo puedan ver mientras dan 50 vueltas. Después, deberán soltar el palo y saltarlo. Quien salte más lejos será el ganador. Pero, la mayoría de los jóvenes se marean tanto que ni siquiera pueden ver el palo cuando lo sueltan; mucho menos saltarlo. Es muy divertido. El resto del grupo debe contar las vueltas que da cada participante. *Kent Jonson*

LENGUA AMARRADA

Tres jóvenes pasarán al frente. Cada uno recibirá un chicle dentro de su envoltorio. Cuando oigan la señal, deberán meterse el chicle en la boca con papel y todo, quitarle la envoltura con la lengua (sin manos), escupirla, masticar el chicle y hacer un globo. El primero que lo logre, ganará un premio. *Joe Rice*

RASURA UN GLOBO DE AGUA

Tres jugadoras se sentarán en sillas frente al público y cada una tendrá un globo con agua colgado sobre la cabeza. Los respectivos compañeros deberán cubrir los globos con crema de afeitar y con una navaja de afeitar (sin rasuradora, sólo la navaja), tratará de quitar toda la espuma sin pinchar el globo. El primero en lograrlo será el ganador.

ATAJA LA PASTA DENTÍFRICA

Tres voluntarios se acostarán en el suelo, boca arriba, con un pequeño vaso desechable en la boca. La pareja de cada uno, de pie junto a su cabeza, deberá tratar de llenar el vaso con pasta dentífrica, dejándola caer desde por lo menos un metro de altura. Regala cepillos de dientes a los ganadores.

OH PLATANO

¿Quién será el más rápido en pelar un plátano, comérselo y tomar una lata de gaseosa? Como premio, dale al ganador varios plátanos y latas de gaseosa.

ROMPEHIELOS

MUSICALES

ROMPEHIELOS MUSICALES

Cuando los jóvenes de tu grupo cantan parecen búfalos asiáticos con dolor de garganta. Aun así ellos disfrutarán estos rompehielos musicales. Lo mejor de estas ideas es que la mayoría sólo requiere un reproductor de CD y un grupo de cantores voluntarios.

CANCIONES CLASIFICADAS

Este juego es muy útil para dividir un grupo multitudinario y convertirlo en grupos más pequeños.

Prepara de antemano papelitos con nombres de canciones. Necesitarás tantas canciones como la cantidad de equipos en los que pienses dividir al grupo. A medida que los jóvenes entren al salón, recibirán un papelito con el título de una canción. Es decir, si tuvieras 100 jóvenes y quisieras formar cuatro equipos, deberías hacer 25 papelitos con el título de cada canción. Cuando suene la señal, las luces se apagarán (si es de noche) y cada joven comenzará a cantar la canción que se le asignó, lo más fuerte que pueda. No vale hablar ni gritar, sólo cantar. Cada persona tratará de localizar a los otros miembros de su equipo, es decir, a las personas que estén cantando la misma canción. El primer equipo que se complete será el ganador. Todos deben conocer las canciones que elijas. *Arturo R. Homer*

CANTA CON AUDÍFONOS

Todos en algún momento hemos pasado vergüenza por cantar en voz alta y desentonado mientras escuchábamos música en un walkman, así que ¡hagamos un concurso!

Anuncia que habrá un premio (quizás un walkman económico) para el joven que cante mejor su canción favorita, con playback. Si tus jóvenes son naturalmente graciosos, debes esperar a que estén listos para cantar antes de mencionarles que escucharán la canción a través de los audífonos.

Quizás podrás decir algo así como: "Ah, por cierto, escucharás tu canción en un walkman, y el público sólo oirá tu voz. Y cuanto más creativa sea la coreografía que hagas, más puntos obtendrás". Asegúrate de que el volumen de los audífonos esté lo suficientemente alto como para que el concursante no escuche su propia voz. Las canciones se oirán tan inevitablemente desafinadas que el público necesitará tiempo para dejar de reír entre un concursante y otro. Otorga premios a los distintos participantes y el walkman a quien tú o los jueces consideren que fue el mejor. *Randy Phillips*

CUENTOS CANTADOS

¿Recuerdas las canciones que escuchábamos cuando éramos niños? Una y otra vez las oíamos hasta que llegábamos a conocer cada palabra. Usaremos esas viejas canciones que contaban historias para divertirnos un poco.

Divide al grupo en varios equipos y dale a cada uno un casete o CD de una de esas canciones. (Búscalas en la sección niños de las tiendas de música, de ser necesario.) También necesitarán un reproductor de casetes o de CD's.

Cada grupo deberá teatralizar la canción (la música, las partes habladas, la narración, los movimientos) y disfrazarse adecuadamente. Dales suficiente tiempo como para preparar los disfraces y practicar un poco. Después, cada equipo presentará su canción. ¡El resultado será grandioso! Y, para asegurarte risas más duraderas, ¡fílmalos!

Dough Newhouse.

LAS 40 MÁS ESCUCHADAS

Este juego de adivinanzas es un buen rompehielos. Graba en un casete fragmentos de algunas de las canciones más escuchadas del mes, de la semana o del año. Puedes copiarlas de la radio. Edita el material de modo que sólo se escuchen unos compases de cada canción. Cuando todos hayan llegado al encuentro, hazles oír los fragmentos, a ver quién de ellos logra identificar todas las canciones. En general, los chicos están tan familiarizados con las canciones de moda que será casi imposible que no haya uno que reconozca todas. Este es un buen rompehielos para alguna reunión en la que se hable sobre la influencia de la música secular. *Richard Millón*

DETÉN A LA BANDA

Pídeles a los líderes que pasen al frente, mientras tú eliges algunos participantes de entre el público. Los jóvenes deberán pensar en una canción que los líderes no puedan cantar. Puede ser una muy antigua o una muy nueva. La canción debe ser legítima, no compuesta en el momento. Si los líderes pueden cantarla, ganarán los puntos en juego y los aplausos del público. Si no la saben, uno de los jóvenes deberá cantarla para ganar el puntaje. Puedes entregar estos premios:

- Un pollo gratis
- Medio corte de cabello
- Un vale para una inspección de alcantarilla gratuita
- Una cena con velas para dos (en el comedor comunitario)
- Las respuestas de una prueba de matemática (del año 1933).
- Piensa en tus propios premiso originales.

PRUEBAS Y JUEGOS

DE INGENIO

PRUEBAS Y JUEGOS DE INGENIO

Después de una semana llena de presiones, pruebas sorpresa y exámenes en la escuela, los jóvenes de tu grupo se sentirán muy aliviados al resolver un juego de ingenio que no tenga ninguna consecuencia académica. Los que siguen son algunos problemas lógicos, juegos de palabras, y mucho más, que aportarán una buena cuota de risas al grupo.

MENCIONA A LOS VECINOS

Este es un entretenido problema de lógica, que seguramente, mantendrá al grupo ocupado por un buen tiempo. Está en la página 68. Aquí van las soluciones (de Oeste a Este sobre la calle):

Angus Emerson

PRUEBA LOCA

Imprime el examen de coeficiente intelectual de la página 69 y dale diez minutos al grupo para completarlo. Entrega un premio a todo aquel que haya contestado las 20 preguntas correctamente. Después, haz que los chicos intercambien las fotocopias y revela las respuestas correctas. Esto generará tantas risas como quejas.

Aquí van las respuestas:

1. Una hora
2. Sí
3. Porque no está muerto
4. El fósforo
5. Todos
6. Blanco (es un oso polar)
7. Hasta la mitad. A partir de allí, deja de internarse y comienza a salir.
8. Estados Unidos de América
9. Diez: nueve jugadores de campo y un bateador; seis "outs" por entrada.
10. Una de 50 centavos y otra de 5 centavos.
11. Nueve
12. Setenta
13. Dos manzanas
14. No
15. Son hermanas
16. Ninguno, Noé metió a los animales no Moisés
17. No, porque está muerto
18. Ortografía
19. De la ballena
20. A Damasco

MENCIONA A LOS VECINOS

Francisca, Gracia, Elena, Aída, Juana y los esposos de cada una de ellas viven en un pueblito, sobre una cierta calle que va de este a oeste. Con las siguientes pistas, descubre el nombre y el apellido de cada miembro de la pareja y describe exactamente en qué punto de la calle viven.

- **Gracia tiene como vecino de un lado a Rafael y del otro a los Verde.**
- **Los Pardo viven en la casa ubicada más hacia el oeste y Nelson en la casa más hacia el este.**
- **Samuel tiene de un lado como vecina a Aída y del otro a Pedro.**
- **Tanto Juana como Pedro viven al este de los Blanco.**
- **Pedro vive junto a los Negro.**
- **Tomás vive al oeste de los Grises y al este de Gracia.**
- **Elena y Juana son vecinas. Los Grises también viven junto a Juana, pero del otro lado.**

TEST DE COEFICIENTE INTELECTUAL

1. Si te acostaste a las 8 AM y pusiste el despertador para levantarte a las 9 de la mañana siguiente ¿cuántas horas dormiste? ___________
2. ¿Inglaterra tiene un 4 de julio al igual que los Estados Unidos?___________
3. ¿Por qué un hombre que vive en el pueblo de Salem, en Carolina del Norte, no puede ser enterrado al oeste del río Mississippi?

   ____
4. Si tuvieras un solo fósforo y entraras en una habitación en la que hay una lámpara de kerosene, un calentador de aceite y una estufa a leña, ¿qué deberías encender primero?

   ____
5. Algunos meses tienen 30 días, algunos 31 días: ¿Cuántos meses tienen 28 días?

   ____
6. Un hombre construyó una casa de cuatro lados, de forma rectangular, pero todas las paredes tienen orientación Sur. De pronto, un oso pasa caminando por delante de la casa. ¿De qué color es el oso?

   ____
7. ¿Hasta dónde puede internarse un perro en el bosque? _______________
8. ¿Qué leyenda de cuatro palabras aparece en cada moneda de los Estados Unidos? ____________
9. ¿Cuál es el número mínimo de jugadores en el campo de béisbol, durante cualquier parte de una entrada en cualquier juego?__________
   ¿Cuántos "outs" hay en una entrada?

   ____
10. Tengo en mi mano dos monedas que en total suman 55 centavos. Una no es de cinco centavos. ¿Qué monedas tengo? _______________
11. Un granjero tenía 17 ovejas; murieron todas, excepto nueve. ¿Cuántas le quedan?

    ____
12. Divide 30 por un medio y súmale 10. ¿Cuál es la respuesta? ____________
13. Si tomas dos de tres manzanas ¿qué es lo que obtienes? ____________
14. Un arqueólogo declaró que encontró monedas de oro que datan del año 46 AC. ¿Lo crees? __________ Explica:

    ____
15. Una señora le dio 50 centavos a alguien que mendigaba en la puerta de la iglesia. La señora era hermana de quien pedía limosna, pero quien pedía limosna no era su hermano. ¿Cómo es posible? ______________
16. ¿Cuántos animales de cada especie metió Moisés en el arca? ___________
17. ¿Es legal que un hombre se case con la hermana de su viuda? __________ ¿Por qué? _________________
18. ¿Qué palabra de este test tiene una falta de ortográfia?________________
19. ¿De qué animal se obtienen huesos de ballena?___________________
20. ¿A dónde iba Pablo, camino a Damasco?____________

LIBROS ESCONDIDOS

Saca fotocopias de la historia de la página 71 y pásasela a los jóvenes. Menciónales que hay 20 libros de la Biblia escondidos en la historia. (Sólo uno está mal escrito.) El primer jugador que encuentre los 20 será el ganador.

Respuestas:

Una vez leí unas **crónicas** acerca de los libros escondidos de la Biblia. Por muchos años, hubo gente buscándolos ba**jo** **suel**o, y hasta por **mar, cos-**tas y bosques de tierras lejanas. De **hecho, s**upe que se remontaron a los ori**genes** y sólo hallaron unos pocos libros en Ro**ma. Teó**logos de todo el mundo pronunciaron sus lamentaciones. "En **Roma nos** encontramos con **numeros**as dificultades. Fue un traba**jo b**astante duro. **Vamos** a seguir investigando", dijeron.

Algunos quisieron buscar en las propiedades de un **rey. "Es**o no lo vamos a permitir", dijo **Tito**, uno de los **jueces** que se opusieron. **Samuel**, presidente de ese país, opinó: "Está **mal aquí a**sediar a la monarquía. Los in**timo, teó**logos, a que se vayan". Todos se fueron y al final, **Daniel**, el primo de **Ruth**, encontró casi todos los libros. **O sea,** se esforzó mucho. Y por el descubrimiento obtuvo una buena pa**ga: latas** de gaseosa. Y a mí, que asiduamente lo ayudé, no me dieron más que una lata de atún ahumado.

EXAMEN DE LIDERAZGO

Anuncia que tomarás un examen escrito (ver página 72) para impulsar el potencial de liderazgo del grupo. Explica que aquellos que sean capaces de seguir las instrucciones del examen serán considerados por el grupo como líderes natos. Instruye a los jóvenes acerca de que deben trabajar rápido, ya que contarán sólo con tres minutos para hacer el test. Todos comenzarán al mismo tiempo, por eso no deben dar vuelta a las hojas hasta que le hayas entregado una copia a cada uno.

DETONANTES DE IDEAS

Las historias en las páginas 73 y74 funcionan muy bien en campamentos y en otros acontecimientos sociales para probar la habilidad de cada grupo en cuanto a resolver problemas. Los jóvenes se convertirán en detectives que investigarán el asunto haciendo preguntas que se respondan por "sí" o por "no".

Las respuestas aparecen entre paréntesis al final de cada historia. Para hacer el concurso más interesante, pídeles a los dos participantes más astutos que traten de resolver el problema interrogando a un joven por vez. Que ellos hagan las preguntas. Quién llegue a la resolución primero habiendo hecho el menor número de preguntas será el ganador. El público puede conocer las respuestas.

Bob Fakkema

LIBROS ESCONDIDOS

Una vez leí unas crónicas acerca de los libros escondidos de la Biblia. Por muchos años, hubo gente buscándolos bajo suelo, y hasta por mar, costas y bosques de tierras lejanas. De hecho, supe que se remontaron a los orígenes y sólo hallaron unos pocos libros en Roma. Teólogos de todo el mundo pronunciaron sus lamentaciones. "En Roma nos encontramos con numerosas dificultades. Fue un trabajo bastante duro. Vamos a seguir investigando", dijeron.

Algunos quisieron buscar en las propiedades de un rey. "Eso no lo vamos a permitir", dijo Tito, uno de los jueces que se opusieron. Samuel, presidente de ese país, opinó: "Está mal aquí asediar a la monarquía. Los intimo, teólogos, a que se vayan." Todos se fueron y al final, Daniel, el primo de Ruth, encontró casi todos los libros. O sea, se esforzó mucho. Y por el descubrimiento obtuvo una buena paga: latas de gaseosa. Y a mí, que asiduamente lo ayudé, no me dieron más que una lata de atún ahumado.

Libros que aparecen en el relato: Amós. Crónicas. Daniel. Gálatas. Génesis (figura como Génesys). Hechos. Job. Josué. Jueces. Lamentaciones. Malaquías. Marcos. Mateo. Números. Oseas. Reyes. Romanos. Ruth. Timoteo. Tito.

EXAMEN DE LIDERAZGO

Instrucciones: Contesta las siguientes preguntas en el orden en que aparecen. Si no conoces alguna de las respuestas, sigue con la próxima. Antes de contestar, lee todo el examen.

1. Escribe tu nombre y apellido en el ángulo superior izquierdo de la hoja.
2. Coloca aquí tu dirección:

____

3. Subraya la respuesta correcta:
   - A. Un buen líder debe ser: dogmático, restrictivo, dedicado.
   - B. El mejor tipo de liderazgo es: autoritario, socialista, democrático.
   - C. La mejor manera para que algo se haga es: formar un comité, hacerlo tú mismo, que otros lo hagan.
4. Escribe tu edad en el ángulo superior derecho de la hoja.
5. Levanta la mano izquierda hasta que te haya visto tu líder.
6. Verdadero o falso (marca la respuesta correcta):
   - A. Un buen líder siempre tiene una respuesta. Es una señal de debilidad no tener una respuesta. V F
   - B. Un buen líder debería saber cómo seguir instrucciones. V F
   - C. Es más importante hacer bien un trabajo que hacerlo rápido. V F
7. Subraya las palabras *seguir instrucciones*, en la pregunta 6B.
8. Ponte de pie y quédate así hasta que alguien lo note.
9. Define en 50 palabras qué es un líder (en el reverso de la hoja).
10. Si has leído todo el examen como se te instruyó, ya no hace falta que lo completes. Sólo coloca tu nombre en el extremo superior derecho de esta hoja y espera en silencio hasta que acabe el tiempo límite. No contestes de la preguntas 1 a la 9.

DETONANTES DE IDEAS

PELÍCULA DE TERROR

Un hombre llevó a su esposa a ver una película de terror. Tal como lo había planeado, en la escena más escalofriante, mientras el público gritaba, el sujeto la apuñaló. Los gritos de horror del público taparon los de la mujer. El asesino sacó el cuerpo de su esposa por la salida principal, cuando acabó la película y nadie notó nada. ¿Cómo hizo? (Fue a un autocine.)

ALPES SUIZOS

En la ciudad de Nueva York, un hombre leyó un breve artículo acerca de un norteamericano que viajaba en un crucero por Europa junto con su esposa. El periódico decía que mientras esquiaban en los Alpes suizos la mujer tuvo un accidente y murió. Inmediatamente el hombre que leía el diario llamó a la policía y dijo tener una prueba que demostraría que la muerte de aquella mujer no había sido accidental. ¿Quién era el sujeto de Nueva York y sobre qué basó su denuncia? (El agente de viajes, que le había vendido los pasajes: uno de ida y vuelta y otro sólo de ida.)

GUILLOTINA

Un hombre y su esposa estaban sentados en el sofá de la sala, viendo televisión. Él se quedó dormido, sentado y con la cabeza gacha. Soñó que vivía en los años de la Revolución Francesa. En el sueño era capturado y llevado a la cárcel de la Bastilla, donde lo sentenciaban a la guillotina. Ya lo habían inmovilizado de pies y manos y tenía el cuchillo sobre su cuello, cuando la esposa notó que estaba dormido y le pegó en la nuca con el abanico. Inmediatamente, el hombre cayó muerto. ¿Qué está mal en esta historia? (¿Cómo vamos a saber qué estaba soñando, si nunca despertó?)

VIGILANTE

Había una vez un vigilante nocturno que varias veces había sido sorprendido dormido en el trabajo. El jefe le dio el ultimátum, pero a la noche siguiente otra vez lo encontró con la cabeza recostada sobre las manos y los codos apoyados en el escritorio. "Aja, te volví a sorprender," exclamó el jefe. Los ojos del vigilante se abrieron de inmediato. Sabía qué había sucedido. Como era un hombre astuto, dijo una palabra antes de levantar la cabeza. Entonces, el jefe se disculpó y se marchó a la casa. ¿Cuál fue la palabra? (Amén.)

PASEO EN ASCENSOR

Había una vez un hombre soltero que vivía en el décimo piso de un lujoso edificio. Cada mañana caminaba por el corredor hasta el ascensor, lo llamaba, subía, oprimía el botón de la planta baja, salía y se iba a trabajar. Por la tarde, cuando regresaba a casa, se subía al ascensor, presionaba el botón del sexto piso y después subía cuatro pisos por la escalera hasta el décimo piso. Todos los días, el mismo ritual. ¿Por qué? *(El hombre era enano y no alcanzaba los botones de los pisos más altos.)*

FERRETERÍA

Un hombre entró en una ferretería y revisaba unos canastos, cuando un empleado le preguntó:

— Señor ¿puedo ayudarlo?

— Sí. ¿Cuánto cuestan estos?

— Cuestan 25 centavos cada uno, pero lleve 25 por 50 centavos y 114 por 75 centavos.

¿Qué era lo que el hombre quería comprar? (*Números para la puerta de la casa.)*

ASCENSORISTA

Imagina que es verano. No tienes trabajo. Vas al centro y te presentas en distintos lugares en los que se ofrecen puestos, pero cuando llegas, siempre te dicen que las vacantes ya han sido tomadas. Como último recurso, te presentas en un viejo edificio de oficinas. El gerente dice que necesita un ascensorista y, aunque el sueldo no es bueno, tomas el trabajo porque es lo mejor que has podido encontrar. Bueno, todo va bien por tres semanas, hasta que alguien llama el ascensor desde el décimo piso. Una mujer que pesa 212 libras sube, cargando una máquina de escribir de 25 libras y un portafolio de siete. El ascensor es bastante viejo y cuando llega al sexto piso el cable se suelta. Te podrás imaginar el pánico que sienten todos allí adentro, y lo aliviados que se sienten cuando, milagrosamente, se frena la caída y el ascensor se detiene. Ahora, dime, ¿cuántos años tiene el ascensorista y cuál es el apellido de soltera de su madre? *(Presta atención a la palabra tienes al principio de la historia. Tú eres el ascensorista.)*

UN MUERTO, PERO NO HAY CARGOS

Ha habido un choque. La culpa la tuvo un hombre que manejaba un automóvil importado. Se cruzó delante de otro automóvil de gran porte que, por esquivarlo, subió a la vereda y se estrelló contra la vidriera de un negocio. Los ocupantes del vehículo extranjero resultaron ilesos. En el otro vehículo había un muerto y un herido. No obstante, no se presentaron cargos por homicidio culposo contra el chofer del automóvil importado. ¿Por qué? *(El carro grande era un coche fúnebre.)*

SOPA DE NÚMEROS

Estos trucos sencillos y divertidos desconcertarán a los jóvenes y te harán pasar por un genio. Inténtalos para divertirte. Intenta memorizar cada procedimiento, para que actúes con naturalidad, como si los hicieras siempre.

• **Elige un número**. Pide a un representante del grupo que piense un número entre el 10 y el 100. No debe decirte cuál es. Anuncia que tú lo descubrirás. Procede a buscarlo. Digamos, por ejemplo, que el número elegido es el 44.

Número seleccionado............ 44
Duplícalo.......................... 88
Súmale 1.......................... 89
Multiplícalo por 5............... 445
Súmale 5 450
Multiplícalo por 10.............4500

Ahora, pídele que te diga el resultado de las operaciones matemáticas y declara que en dos segundos le dirás cuál era el número original que eligió. Al resultado que te dé, en silencio, réstale 100. En este caso 4500 menos 100 es 4400. Ahora, quítale los dos últimos ceros y anuncia que el número es 44.

• **La edad del cambio.** Convoca a algún miembro del grupo (a quien no conozcas mucho) y anúnciale que adivinarás cuántos años tiene. Pídele que multiplique por dos su edad y que le sume cinco y que después lo multiplique por 50. Ahora, pídele que, en secreto, le diga el resultado a un compañero y que éste sume al número que escuche, los centavos que tenga en monedas en su bolsillo. Que revele el resultado al público. Ahora, entre todos, deberán restarle el número de días que tiene un año no bisiesto (365). A esa altura, el número parecerá dislocado. Entonces tú (el líder), sin decir nada, debes añadirle 115. Los dos primeros dígitos del resultado formarán la edad del primer participante. Los últimos dos dígitos, serán la cantidad de centavos en cambio que tenía el otro participante.

La edad de la persona.................15
Duplica la edad de la persona........30
Súmale 5...............................35
Multiplícalo por 50.................1750
Suma el cambio (37centavos)....1787
Resta 365 días del año............1422
(este es el número que se le da al grupo)
Secretamente suma 115...........1537

En este ejemplo tu anunciarás que la edad es 15 y la cantidad de cambio es de 37 centavos.

• **¿Cuándo nací?** El líder anuncia que él puede adivinar la edad y el mes del nacimiento de cualquiera en el grupo. Dará estas instrucciones a los voluntarios:

Escribe el número del mes en el que naciste.
(Agosto)................................8
Dóblalo.................................16
Súmale 5...............................21
Multiplícalo por 50................1050
Suma tu edad (16).................1066
Resta el número de días del año.. 701

El líder dice el resultado; secretamente añade 115, dando un total de 816. Inmediatamente dice que agosto es el mes de nacimiento y 16 es la edad. El primer dígito o los dos primeros indican el mes y los últimos dos indican la edad.

• **Número Secreto**. Este truco sencillo resulta divertido mientras los jóvenes tratan de adivinarlo. Pide a alguien que seleccione un número manteniéndolo en secreto. Ahora pídeles que lo doblen, después que lo multipliquen por cinco y después que te den el total. Inmediatamente debes decirles el número secreto. Todo lo que tienes que hacer es quitar el dígito final, para ello lo que habrás realmente echo es obtener el número multiplicado por 10. Por ejemplo: El número seleccionado es 13. Multiplícalo por dos y da 26. Multiplicado por 5 da 130. Quita el último dígito y es 13, el que adivina los números debe estar afuera mientras que el grupo decide el número secreto. *Russ Mazke*

PROVERBIOS Y REFRANES

Este es otro rompehielos que puede ser utilizado de muchas formas. Encontrarás 39 proverbios y refranes en la página 76, cuyas palabras clave han sido reemplazadas por las iniciales, por ejemplo: El C. al I. está P. con B. I." Esto es: El camino al infierno está pavimentado con buenas intenciones."

Puedes fotocopiar esta lista en su totalidad y

PROVERBIOS Y REFRANES

1. A. de que te C., M. lo que H.
2. El C. del I. está T. de B. I.
3. El A. y el A. no se M.
4. D. A. es D. G.
5. Q. a B. A. se A., B. S. le C.
6. D. de la T. V. la C.
7. La R. de T. los M. es el A. al D.
8. Q. no A. no G.
9. La P. es P. y el S. es O.
10. M. P. C. un H. que un C.
11. No D. para M. lo que P. H. H.
12. A. la V. y E. a P. al N.
13. El que B., E.
14. M. H. V., H. E.
15. C. las B. de tu V. V. A., P. las T. a R.
16. La S. de la F., la H. la D.
17. O. que no V., C que no S.
18. Una C. P. en una C. no se P. E.
19. P. C. es D. D.
20. Un A. en T. de N. es un A. de V.
21. M. V. P. en M. que C. V.
22. A B. E., P. P. B.
23. En el P. de los C., el T. es R.
24. No A. P. a los P.
25. No hay P. S. que el que no Q. O.
26. A G. M., G. R.
27. D. A. pero no A.
28. A las P. se las Ll. el V.
29. D. con quién A. y te diré Q. E.
30. Más vale M. C. que B. por C.
31. En B. C. no E. M.
32. La P. es una V.
33. A D. R. y con el M. D.
34. G. y F., hasta la S.
35. P. el L. que T. son de su C.
36. A quien M., D. le A.
37. Haz el B. sin M. a Q.
38. Del A. C. T. hacen L.
39. Quién M. A. poco A.

pasársela a tu grupo para ver quién puede resolver más proverbios. O dividirlos en equipos y que los jóvenes de cada grupo demuestren su habilidad para resolver problemas. Otra opción para este juego es escribir los proverbios abreviados en el pizarrón, uno por vez. Los equipos competirán a ver cuál de ellos puede gritar primero la solución correcta. Para ajustar el nivel de dificultad, reemplaza mayor o menor cantidad de palabras al dar las pistas. Por ejemplo, "Camarón que se duerme se lo lleva la corriente." Puede ser: "C. que se D. se lo L. la C." o "C. Q. se D. se L Ll. la C." o "C. Q. S. D. S. L. Ll. L. C."

Este juego puede presentarse para rescatar algunas enseñanzas positivas de estos proverbios (o no) a la luz de las Escrituras y de las experiencias personales.

Aquí están las respuestas:

1. Antes de que te cases, mira lo que haces.
2. El camino del infierno está tapizado de buenas intenciones.
3. El aceite y el agua no se mezclan.
4. Dinero ahorrado es dinero ganado.
5. Quien a buen árbol se arrima, buena sombra le cobija.
6. Después de la tempestad viene la calma.
7. La raíz de todos los males es el amor al dinero.
8. Quien no arriesga, no gana.
9. La palabra es plata y el silencio es oro.
10. Más pronto cae un hablador que un cojo.
11. No dejes para mañana lo que puedas hacer hoy.
12. Aparta la vara y echarás a perder al niño.
13. El que busca, encuentra.
14. Mientras hay vida, hay esperanza.
15. Cuando las barbas de tu vecino veas afeitar, pon las tuyas a remojar.
16. La suerte de la fea, la hermosa la desea.
17. Ojos que no ven, corazón que no siente.
18. Una ciudad puesta en una colina no se puede esconder.
19. Poderoso caballero es don dinero.
20. Un amigo en tiempo de necesidad es un amigo de verdad.
21. Más vale pájaro en mano que cientos volando.
22. A buen entendedor, pocas palabras bastan.
23. En el país de los ciegos, el tuerto es rey.
24. No arrojes perlas a los puercos.
25. No hay peor sordo que el que no quiere oír.
26. A grande males, grandes remedios.
27. Dios aprieta pero no ahorca.
28. A las palabras se las lleva el viento.
29. Dime con quien andas y te diré quién eres.
30. Más vale malo conocido que bueno por conocer.
31. En boca cerrada no entran moscas.
32. La paciencia es una virtud.
33. A Dios rogando y con el mazo dando.
34. Genio y figura, hasta la sepultura.
35. Piensa el ladrón que todos son de su condición.
36. A quien madruga, Dios le ayuda.
37. Haz el bien sin mirar a quién.
38. Del árbol caído todos hacen leña.
39. Quién mucho abarca, poco aprieta.

EL MISTERIO DE LAS CUERDAS

Este es un juego sencillo que sirve para poner a prueba la creatividad del grupo. Cuelga dos cuerdas del techo, las dos a la misma altura, de modo que queden a unos treinta centímetros del suelo. Las sogas deben estar bien separadas entre sí, de modo que si uno toma una de las cuerdas y se dirige hacia la otra, le falten unos 30 centímetros para llegar a alcanzar la segunda soga sin soltar la primera.

Desafía a alguno de los jóvenes de tu grupo a amarrar las puntas de las cuerdas sin ayuda del público. Lo único que pueden usar es una pinza.

¿Cómo hacerlo? Sencillo. Ata la pinza a una de las cuerdas y haz que se balancee. Entonces, toma la punta de la otra cuerda y cuando la pinza pase cerca de ti, atrápala.

Desamárrala y anuda las dos cuerdas. *Dennis Banks*

TRUCOS

TRUCOS

La mayoría de estos trucos son bromas, preparadas con o sin el consentimiento de la persona. Recuerda que estas actividades fueron pensadas con humor y para divertirse, no para burlarse, ridiculizar o reírse de la persona que cayó en la broma. Si los trucos se aplican con buenas intenciones y si el líder es sensible y está capacitado para aplicarlos, los resultados serán muy positivos y divertidos.

CEREBRO CON CHICHONES

Para realizar este truco escoge un asistente y cuéntale de antemano cómo se efectúa el truco.

El grupo debe pensar un número entre el uno y el diez. Un representante se lo revelará a tu asistente. Explícales que utilizarás tu gran habilidad para descubrir el número elegido, a través de los chichones de la cabeza de tu asistente.

Pon ambas manos sobre su cabeza. Tus dedos deben estar sobre los huesos de la quijada, cerca las orejas. Finge sentir los golpes que recibió en la cabeza tu asistente. Lo que en realidad debes contar es la cantidad de veces que tu asistente aprieta la quijada, para comunicarte el número elegido. ¡Sorprende al grupo adivinando la respuesta correcta! *Les Christie*

HUELE LA ESCOBA

Necesitas anticiparles a dos de los jóvenes del grupo cómo funciona esta actividad: uno para que "huela" y el otro para que "sostenga la escoba".

Ante el resto del grupo, uno de los adolescentes deberá presumir de tener muy desarrollado el sentido del olfato. Lo demostrará "oliendo" el punto exacto del mango de la escoba sobre el cual uno de los jóvenes apoye las manos.

Quien sostenga la escoba, lo hará con las dos manos y con el mango paralelo al suelo. Después, el que va a oler saldrá del salón y pedirá a un voluntario del público que toque el mango en el lugar en el que le indique quien sostiene la escoba. Luego, convoca al "oledor" para que éste, a través del olfato detecte el punto elegido.

Mientras el oledor pasa su nariz a lo largo del mango de la escoba, mirará los pies de su cómplice (el que sostiene la escoba). Cuando la nariz llegue al punto elegido, el cómplice moverá un dedo del pie sutilmente. El oledor ahora podrá señalar el lugar y preguntar si otro participante se anima a desafiarlo.

Si los movimientos son sutiles, no serán advertidos por el público y el truco sorprenderá al grupo. Es muy divertido. *John.W. Fritsche.*

ABDUL EL MAGNÍFICO

Este es un truco de lectura de la mente que, si se hace bien, hasta mete miedo. Dale a cada participante una hoja y pídeles que escriban una frase corta. Después, que doblen las hojas y las coloquen en una caja. Entonces Abdul (el líder, que debe tener un turbante en la cabeza) procederá a adivinar la frase que escribió cada uno, sin abrir los papeles.

¿Cómo hace? También Abdul habrá colocado un papel en la caja, pero con una marca que le permita identificarlo. Entonces, tomará un papel, y se lo frotara en la frente, sin abrirlo y dirá alguna frase que se le ocurra, como si estuviera adivinando su contenido. Después, lo abrirá y, para su asombro, reconocerá que está mal. Puede justificar que los "espíritus" todavía no le estaban mostrando la verdad, pero que mejorará en su segundo intento. Es importante no disculparse demasiado por este error, ni revelar lo que en realidad decía el papel. Simplemente tirarlo y seguir adelante.

Abdul tomará otro papel, lo frotará sobre su frente y repetirá la oración que figuraba en el papel anterior. Después, desdoblará la segunda hoja y confirmará que está en lo correcto. Entonces pedirá que se identifique la persona que lo escribió. Los jóvenes quedarán impresionados. Abdul sacará otro papel y repetirá la oración que estaba en el papel anterior. Cada vez que desdobla un papel para ver si estaba en lo correcto, en realidad está leyendo la oración siguiente. Lo importante es siempre adelantarse a leer una frase. Cuando Abdul llegue a su propio papel, (debe quedar último) repetirá la oración del papel anterior y así se habrán leído todos. Si se hace bien, sorprenderá al grupo. *Mike Andujar.*

CLASE DE ARTE

Explica que en tu tiempo libre eres artista plástico y que vas a hacer una pintura humana delante del grupo. Utilizarás personas en lugar de pintura para recrear una escena en un bosque. Llama a un voluntario para que sea el ruidoso arroyo. Entrará en escena imitando el sonido del agua que corre: "Shhhhhh shuuu shhhh." Otro, hará de un viejo árbol, plantado junto al arroyo y emulará el mover de las hojas: "Swish, swish, swish." Haz lo mismo con el pasto que silba y con el viento recio que aúlla. Que otra persona sea el marco de la pintura y corra alrededor de la escena. Una vez que todos los personajes estén en su papel diles: "Damas y caballeros, aquí lo tienen: El arroyo escandaloso, el árbol viejo, el pasto que silba, el viento recio que aúlla y la ¡SAVIA CORREDORA!" Comienza tú mismo los aplausos.

RULETA DE CUBETAS

Coloca varias cubetas sobre la mesa. Cúbrelas con papel para que no se pueda ver su contenido. Dile al grupo que una contiene agua y las demás, arroz. Convoca a tres valientes voluntarios. Cada uno debe escoger la cubeta que se echará sobre la cabeza. El juego continúa hasta que alguno quede empapado.

POR LA PLATA BAILA EL MONO

Este es un juego que la mayoría debería probar alguna vez. Coloca un billete en el suelo y desafía a los jóvenes del grupo: El que salte más lejos por sobre el billete, se lo quedará.

Hay una condición: Antes de brincar deben tomar los dedos de sus pies (de ambos pies) y sostenerlos durante el salto. Menciona también estas reglas:

1. Deben saltar el billete hacia adelante.
2. Si se caen, quedan descalificados.
3. Al aterrizar, deben apoyar los talones en el suelo, sin tocar el billete.

Cabe aclarar que es imposible hacerlo. Quizás quieras intentarlo tú mismo antes de arriesgar el dinero. Puedes poner dos billetes en lugar de uno, para hacerlo más difícil. *Tom Stanley*

CAMINATA SOBRE HUEVOS

Coloca huevos por todo el suelo. Después, véndale los ojos a un voluntario que deberá cruzar el salón sin romper ninguno. Antes de que comience, reemplaza todos los huevos por cáscaras de maní. Disfruta la diversión.

RULETA RUSA DE HUEVOS

Tiñe con colorante artificial cinco huevos: cuatro duros (cocidos) y uno crudo. Convoca a cinco voluntarios y explícales que uno de los huevos está crudo. Cada uno escogerá el huevo que desea que le rompan en la cabeza. Nadie puede tocar los huevos durante la elección. Ahora llama a otros cinco voluntarios, para que se paren uno detrás de cada jugador. Al oír la señal, deberán romper el huevo asignado sobre la cabeza de su compañero, todos al mismo tiempo.

PANTOMIMA DE ELEFANTE

Un líder hará la pantomima de bañar a un elefante. El voluntario 1 lo observará y tratará de descubrir qué hace, mientras que los voluntarios 2 y 3 aguardarán fuera del salón. Solamente el público, no los voluntarios, sabrán de antemano de qué se trata la mímica. Cuando el líder termine, regresará al salón el voluntario 2 y el voluntario 1 deberá realizar la misma pantomima, aunque 1 todavía no sepa de qué se trata. Cuando acabe, ingresará el voluntario 3 y el voluntario 2 hará para él la mímica. Es muy divertido, todos reirán a más no poder. Después, cada uno de los voluntarios tratará de adivinar qué es lo que acaba de representar. La pantomima habrá cambiado drásticamente de una actuación a otra.

Para asegurarte de que el líder haga una buena mímica, sugiérele lo siguiente: Que ate el elefante con una cuerda y que la amarre a una estaca, que moje un trapo en una cubeta con agua y que lave uno de los lado del elefante. Puede estirarse y saltar, como para alcanzar la espalda con el trapo. Después, podría pasar en cuatro patas por debajo del elefante y lavarle la panza y las patas. De frente, que le lave la trompa (por dentro y por fuera) y a los costados, las grandes orejas. Cuando le lave la cola, puede taparse la nariz... en fin, que trate de ser creativo.

¡DESPIERTA! TE ESTAMOS FILMANDO

Este juego será toda una revolución. Todo lo que necesitas es una cámara de video y quizás... un café cargado.

El plan es simple. Aparece en la casa de tres o cuatro jóvenes del grupo para entrevistarlos ¡a las 5 de la mañana! Sométele a preguntas extrañas como: "¿Cuántas chupadas son necesarias para llegar al centro de una paleta con chicle?"

Puedes entrevistar al osito de peluche o hacer cualquier cosa espontánea y cómica. Son muy divertidas las respuestas que los jóvenes pueden llegar a darte por la mañana.

Ten en cuenta lo siguiente:

• Pide permiso a los padres. Probablemente pensarán que estás loco, pero la mayoría de ellos accede a una actividad que se centra en sus hijos.

• Elige jóvenes que vayan a seguirte el juego. Los que son muy tímidos, simplemente se esconderán bajo las cobijas.

• Aprovecha el momento. Despiértalo despacio y diviértete con las caras que hace hasta que consigue abrir los ojos.

• Lleva un ayudarte. Uno de ustedes puede hacer la entrevista y el otro manejar la cámara.

• Es más apropiado hacerlo un día en el que hay clases, que en un feriado o fin de semana. De todos modos, se tenían que levantar temprano...

• No divulgues la sorpresa. Sólo los padres y tu ayudante deben conocer el plan. El factor sorpresa es esencial.

Puedes proyectar las entrevistas en una reunión de jóvenes o convocar a un encuentro en el que el video sea la atracción especial. *Sam Dobrotka*

PASATIEMPO ENGAÑOSO

Busca dos o tres voluntarios que tengan algún hobby. Explícales que el grupo les hará preguntas para tratar de descubrir de qué se trata y ellos deberán responder con la verdad, pero de una manera vaga. Para darles un ejemplo, pregúntales: "¿Dónde practicas tu pasatiempo?" Dale a cada uno la oportunidad de contestar. Después, deberán salir fuera del salón para que el grupo se ponga de acuerdo en las preguntas.

Cuando los voluntarios hayan salido, dile al grupo que asuman que el pasatiempo es "besar". Cuando los voluntarios contesten las preguntas del público, las respuestas resultarán muy divertidas.

Pueden hacerles preguntas del tipo: ¿Cuánto tiempo tardas en realizar tu pasatiempo? ¿Qué ruido haces? ¿Se necesita entrenamiento? ¿Cuál? ¿Cuántos años tenías cuando lo practicaste por primera vez? ¿Qué hora del día es la mejor para realizar tu pasatiempo? ¿Qué te pones cuando te ejercitas? ¿Necesitas algún equipo especial?

MUESTRA DE FOTOS

Este es un excelente modo de introducir una reunión en la que vaya a hablarse sobre la vida en familia o sobre distintos estilos de vida. Arma una muestra de fotografías en las que se vean camas sin tender, escritorios desordenados, closes llenos, pilas de ropa sobre el suelo y unas pocas habitaciones impecables. Toma las imágenes en las habitaciones de los miembros del grupo. Invita a los asistentes a asomarse "a las ventanas de las casas más elegantes del país".

Durante la presentación, no olvides comentar los detalles de cada cuarto. Se escucharán risas y quejas por igual. Tomar las fotos mientras que el joven no está en casa es una buena oportunidad para conversar con sus padres. *David Rasmussen.*

A QUE NO PUEDES

Antes de finalizar el encuentro y despedir al grupo (o pasar a otra actividad) desafía a uno de los jóvenes: "A que no puedes sostener un huevo con dos dedos por 15 segundos, sin que se te caiga." Entonces, que el voluntario se pare junto a la puerta del salón, del lado de adentro, y que saque los dos dedos hacia fuera por la puerta apenas entreabierta. Coloca el huevo entre sus dos dedos. Después cuenta hasta quince, ¡y vete dejándolo ahí!

PING-PONG DE HARINA

Dos adolescentes competirán para ver quién logra sacar soplando una pelota de ping-pong de un recipiente redondo. Cuando haya un ganador, véndales los ojos a los dos jugadores y que lo vuelvan a intentar. Empezará el perdedor. Antes de que el ganador sople, coloca en el recipiente una taza de harina.

LECCIONES DE PARACAIDISMO

Llama a un voluntario que se atreva a saltar con paracaídas. Necesitarás una tabla de 60 x 120 cm., sobre la cuál se parará el paracaidista. Puede usar el hombro de un líder para sostenerse. Otros dos jóvenes levantarán la tabla a unos 80 cm. sobre el nivel del suelo. El voluntario brincará, tratando de caer en medio de un pequeño círculo pintado sobre el suelo. Obtendrá cinco puntos si da en el blanco. Después, la tabla se levantará más alto y el paracaidista deberá brincar de nuevo para obtener diez puntos. La última vez, por veinte puntos, el paracaidista tendrá que saltar con los ojos vendados. De este modo no se enterará de que la tabla ha sido subida apenas unos pocos centímetros del suelo. El líder deberá comenzar a agacharse lentamente para que el saltador, al sentir que su hombro se aleja, piense que está muy alto. Los jóvenes que sostienen la tabla deben indicarle: "¡Ahora, ahora, salta ahora!" El voluntario brincará y la mayoría de las veces caerá de boca.

PASEO EN SUBMARINO

Un voluntario se acostará sobre una mesa y habrá un ayudante tuyo parado junto a cada brazo y pierna. Las piernas son la hélice izquierda y derecha. Los brazos son torpedo uno y torpedo dos. Coloca una chaqueta sobre la cabeza del voluntario, de modo tal que una manga le quede directamente sobre la nariz. Éste es el periscopio. El capitán (un líder) gritara: "¡Hélice izquierda!" (La persona que está parada junto a la pierna izquierda del voluntario, la levantará). "¡Hélice derecha!" (El ayudante levantará la pierna derecha) ¡"Torpedo uno!" "¡Torpedo dos!" (Levantan los brazos.) "¡Periscopio arriba!" (Se levanta la manga) "¡Aceleren! ¡Aceleren!" (El líder echa agua por la manga hacia la cara del voluntario.)

EXPERIMENTO

Anuncia una interesante demostración científica que "con claridad hará evidentes las leyes de gravedad, psicología, suspensión coloidal, succión y tensión de la superficie." Ten lista una escalera o una silla (que te permita alcanzar el techo), un vaso de agua y una escoba. Escoge un voluntario del grupo para que sea tu asistente. Súbete a la silla/escalera y levanta el vaso con agua hacia el techo. Que tu asistente coloque el mango de la escoba justo en el centro del fondo del vaso, sosteniéndolo contra el techo. Baja y quita la escalera o silla. Señala el resultado "interesante" de tu experimento: "Aunque la succión no puede sostener el vaso de agua en el techo, los seres humanos con sólo una escoba pueden hacerlo por mucho tiempo. Ya sea que dejes subir a un voluntario a buscar el vaso o dejes que tu ayudante quede atrapado hasta que salga y se empape, depende de ti.

¡HAY UN OSO!

Pide a algunos jóvenes que se paren en una línea recta, hombro con hombro y coloca un líder al final de la línea, sobre la derecha. Todos deben estar de frente al publico (si la actividad se hace frente a un grupo). El líder dice: "¡Hay un gran oso!" y los jóvenes responden: "¿Dónde?" y el líder contesta: "¡Ahí!" y señala un punto hacia la izquierda con su mano derecha. Los jóvenes deben hacer lo mismo y mantener esa posición. De nuevo el líder dice: "¡Hay un gran oso!" Otra vez los jóvenes contestan: "¿Dónde?" y el líder dice: "¡Ahí!" y señala hacia su derecha pero con el brazo izquierdo. Los jóvenes deben hacer lo mismo y ahora tienen ambos brazos ocupados señalando (cruzados). Se repite lo mismo, pero esta vez el líder se acuclilla y señala con su pierna izquierda hacia la derecha. Los jóvenes hacen lo mismo. Una vez más y los jóvenes deben señalar con la nariz hacia la izquierda. Ahora los jóvenes están volteados hacia la izquierda. El líder le da un empujón al joven que está junto a él (mientras mira hacia el otro lado) y el resultado es que toda la línea se cae en efecto dominó. *Juan Bristol*

PASA EL HILO POR LA AGUJA

Pregunta al grupo si alguno de ellos puede enhebrar una aguja con un ojo cerrado. Dale al primer jugador una aguja y un hilo. Nombra a alguien para que tome el tiempo y, para asegurarte de que sólo utilizará un ojo, pondrás tu mano sobre uno de sus ojos. Cada jugador tendrá dos oportunidades, una con cada ojo. Antes de cubrirle el ojo, píntate la mano con lápiz labial. Después, espárcelo por toda la cara.

DE PUNTILLAS POR EL PASTO

Prepara el "pasto" de antemano. Consigue estiércol fresco, de vaca o de caballo, y repártelo sobre un área específica. Dile a todos que sus ojos serán vendados y que serán guiados a caminar a ciegas por el pasto. Lleva al grupo hasta un área en la que deberán sacarse los zapatos y permitir que les venden los ojos. Mientras, coloca cerca del "pasto", bastantes toallas de papel mojadas y hechas bollos. Los jóvenes en realidad serán conducidos por allí, de uno a la vez. ¡Resulta muy divertido ver sus reacciones! A los que hayan pasado, permíteles ver cómo pasan los demás.
David Brown.

BRINCA LA TABLITA

Coloca una tabla sobre el suelo y pon algún obstáculo al final. Venda los ojos de "la víctima" que deberá caminar sobre la tabla y saltar el obstáculo. Quita el obstáculo antes de que la víctima llegue a él, para que brinque sobre un objeto inexistente.

HUEVOS DE AGUA

Haz dos agujeritos en las puntas de un huevo y vacía su contenido soplando o succionando por una de las puntas. Tapa un lado con cera y rellena el huevo con agua por el otro lado. Después tapa el otro agujero con cera. El resultado es un huevo de agua. Utiliza tu imaginación para idear cómo usarlo.

¿QUIÉN ME PEGÓ?

Dos jugadores se acuestan en el suelo (boca arriba, uno al lado del otro). Cúbrelos con una cobija para que no puedan ver. Coloca un periódico enrollado sobre la cobija. Los otros jóvenes deben formar un gran círculo alrededor de los jugadores. Al oír una señal, alguien del grupo camina hacia el centro, toma el periódico enrollado y le pega a uno de los jugadores en la cabeza (despacio), suelta el periódico sobre la cobija de nuevo y corre hacia el círculo. El jugador golpeado cuenta en voz alta hasta diez, sale de debajo de la cobija y trata de adivinar quién fue. Si la víctima adivina, quien le pegó se mete bajo la cobija y el juego continúa.

Cuando a un cómplice tuyo le toque meterse debajo de la cobija, podrá gastarle una broma al otro jugador que está en el suelo. Al oír la señal, él mismo tomará el periódico, golpeará a su compañero y rápidamente meterá el brazo bajo la cobija. La víctima no imaginará quién le pegó.

ADIVINA EL PESO

Presume de tener la extraña habilidad de adivinar el peso de las personas (dejando un margen de error de un kilo) con sólo cargarlos. Selecciona tres voluntarios, dos de los cuales ya habrás pesado en secreto con anticipación. Los voluntarios se sentarán en el suelo y cruzarán los brazos por debajo de sus rodillas levantadas. Primero levanta en brazos a tus cómplices (coloca una mano bajo sus rodillas y la otra sobre sus espaldas). Adivina el peso. Cuando levantes al tercer voluntario, que un asistente ponga un pastel de crema sobre el suelo bajo la víctima. Después déjalo caer sobre el pastel.

TODOS JUEGAN

TODOS JUEGAN

Todo el grupo debe participar en estos rompehielos. Las actividades "Todos juegan" sirven para comenzar a derretir el hielo antes de la reunión, o para fracturarlo directamente a través de una carcajada general. La mayoría de estas actividades involucran algún tipo de competencia. Todo el grupo pasará un buen momento

SI ME AMAS ...

Escoge a alguien que vaya persona por persona diciendo: "Si me quieres, amor, sonríe". La segunda persona debe contestar: "Te quiero, amor, pero no puedo sonreír." Si de todos modos sonríe mientras responde, él o ella será quien continúe haciendo las preguntas. No se puede tocar a las personas, pero sí hacer todo lo posible para que se ría (morisquetas, bailes, etcétera).

¿QUIÉN ES ESTE BEBÉ?

Consigue fotografías de todos los miembros del grupo de su época de bebés. Pásalas a transparencias para que las puedas proyectar en la pared o en una pantalla. De lo contrario, escanea las fotos para mostrarlas en la pantalla de la computadora. Reparte lápices y papeles. Que los jóvenes traten de adivinar quién es quién en cada fotografía. Deben anotar los nombres de los bebés en el orden en el que son proyectados, para que no se cree confusión. Quién tenga más aciertos, será el ganador.

LA MEJOR TIRA CÓMICA

Pídele a los jóvenes que lean las tiras cómicas del periódico durante la siguiente semana y que traigan las que a ellos les hayan resultado más graciosas. Al comienzo de la siguiente reunión, pídeles que lean en voz alta las tiras que hayan traído. Después, que el grupo vote por la mejor tira cómica. Péguenla en algún lugar visible. Para que sea más competitivo, explícales que ganará la tira que haya sido elegida por más jóvenes. Si, por ejemplo, varios han traído la misma historieta del martes, esa tira cómica y los que la hayan elegido resultarán ganadores. Lo más divertido, de todos modos, es leer cada tira y reírse (o quejarse) juntos.
Mark A. Simone.

PRUEBA DE APLAUSOS

Este rompehielos genera mucha risa e integra a todo el grupo. Cada vez que cruces las manos (como si hubieras querido aplaudir pero fallaste), todo el grupo debe aplaudir. Si tus manos se detienen a medio camino sin cruzarse, el grupo no debe aplaudir. La diversión comienza cuando finges que vas a cruzar las manos pero en realidad no lo haces. Puedes variar el ritmo. Cualquiera que cometa un error quedará fuera del juego. Se juega hasta que sólo queda un participante.

PASA LA CINTA

Necesitarás una tostadora y un pedazo de pan. También un ovillo de lana. Cuando pongas el pan a tostar, los jóvenes deben comenzar a pasarse el ovillo. El que empiece, sostendrá una punta de la lana. Quien tenga en la mano el ovillo cuando la tostada salte, deberá comerse el pan, habiéndole untado algo nada atractivo: una mezcla de pepinillos, crema agria, salsa picante, aceitunas y sardinas.

EL JUEGO CONTAGIOSO

Coloca a los jóvenes en un círculo para que todos se vean las caras. Un participante comenzará a describir un "achaque." Por ejemplo: "Mi ojo derecho tiembla", así que todos en el grupo deben mover el ojo derecho. El siguiente dirá algo como: "Mi pié izquierdo brinca" o "tengo una tos incontenible" y todos deben hacer lo que se diga. Cuando la mayoría haya compartido sus achaques, todos estarán a los saltos, con temblores, con estornudos, con tos y sobre todo con un ataque de risa. Para potenciar las carcajadas, que alguien filme la actividad y después proyecte el vídeo. *Sue Broadhurst.*

CREATIVIDAD EN HISTORIETAS

Recorta historietas de revistas y periódicos y, habiéndoles quitado los contenidos a los globos de diálogo, pégalas en una cartulina, con suficiente espacio libre debajo de las figuras. Después, cuelga la cartulina en la pared e invita al grupo de jóvenes a crear su propia historia. Podrán escribir los nuevos diálogos en los globitos vacíos o debajo de la historieta. Puedes ofrecer un premio a la mejor historieta o bien puedes preparar tú de antemano una en la que se hable del grupo. Es una buena manera para mantener ocupado al grupo mientras se espera que comiencen las actividades. *Melvin Schroer.*

MUERDE LA CEBOLLA

Este es un juego tipo "verdad o consecuencia". Con el grupo sentado en un círculo, comienza a pasar una cebolla, al estilo "la papa caliente." Después de un tiempo, un ayudante tuyo dará la orden de "¡alto!" La persona que tenga la cebolla deberá contestar una pregunta, sobre cualquier tema, hecha por quien se la ha pasado. El jugador tiene derecho a permanecer callado, pero si se rehúsa a contestar, deberá morder la cebolla, y pasarla, para que el juego continúe.

Hasta que los jóvenes estén prácticos en el juego, permíteles una pasada de prueba (sin que tengan que morder la cebolla). Y si hubiera jóvenes que se rehusaran completamente a jugar, no los obligues. Por lo general todos quieren jugar y sólo hay algunas mordidas voluntarias. Asegúrate de tener una cámara de fotos lista para retratar las caras de los que muerden la cebolla. Son muy divertidas. *Malcolm McQueen.*

PALABRA INTERMINABLE

El grupo formará un círculo. Uno de los jóvenes deberá decir una palabra y contar hasta cinco, a velocidad moderada. Antes de que termine de contar, el compañero que está a su derecha deberá decir otra palabra que comience con la última letra de la palabra que escuchó. Así se continuará alrededor del círculo hasta que alguno no logre decir nada antes de que su compañero cuente cinco. El que cometa una segunda falla quedará fuera de juego. (Si el grupo es muy grande, puede ser a la primera.) Después de un error, la persona que se equivocó comenzará el juego con cualquier palabra. No se debe repetir una palabra que ya se haya mencionado. Si nadie resulta eliminado, se deberá contar hasta cinco más rápido. Si, en cambio, todos van quedando fuera, cuenta hasta diez o quince. Este juego puede resultar muy dinámico, y pronto pone en evidencia quién trata de hacer perder a otro. *Brian Schuffler.*

ADIVINA QUIÉN CUMPLE HOY

Todos los integrantes del grupo deberán escribir su fecha de cumpleaños en un papel. Recoge los papeles y después lee los cumpleaños en voz alta, uno a la vez, mientras los jóvenes tratan de descubrir quién cumple ese día. Deben arriesgar la respuesta en voz alta mientras tú lees las fechas. También puedes hacerlo por escrito. Este rompehielos funciona mejor en grupos de menos de 20 personas.

¿CONOCES ESTE LUGAR?

Este juego resulta apropiado para un grupo pequeño que se divida en dos equipos o para un grupo más grande que se dividida en varios equipos. Busca un libro que tenga fotografías de lugares conocidos de tu ciudad, o de lo contrario, toma tú mismo las fotografías. Una vez que el grupo haya sido dividido en equipos, muestra las fotografías. El primer equipo en identificar correctamente el lugar obtendrá un punto. El que consiga más puntos será el ganador.

Si les resulta muy difícil a todos alcanzar a ver las fotos, podrías sacar fotocopias, utilizar transparencias o escanearlas y proyectarlas en una pantalla. El equipo que identifique correctamente más fotografías en un tiempo límite, ganará un premio.

Asegúrate de incluir una amplia variedad de fotografías: algunas que sean muy fáciles de identificar, como una escuela o algún edificio de gobierno, y otras más difíciles, como un lago o un árbol de alguna calle cercana a la iglesia. *Jan Bartley.*

¡ADIVINA!

Este es un buen juego para iniciar las actividades mientras la gente va llegando. Debes hacer algunos preparativos de antemano, como colocar los siguientes objetos en diferentes lugares: un frasco lleno de pelotas pequeñas o frijoles; una cinta colgada del techo; una serie de fotografías de famosos (o no tan famosos); un paquete que hayas pesado de antemano; una caja con algo adentro; y una variedad de botellas con diferentes substancias cada una que se puedan identificar por su olor. Después reparte a cada participante una copia de "¡Cuenta! ¡Mide¡ ¡Carga! ¡Huele!", que aparece en la página 92.

Cuando todos hayan tenido suficiente tiempo como para tratar de adivinar, pídeles que intercambien los papeles mientras anuncias las respuestas correctas. Otorga un premio a quien tenga más aciertos o separa premios para ganadores de diferentes categorías. *Mrs. F. S. Richardett.*

SUMA UNA LETRA

Este juego funciona mejor en grupos de menos de 15 personas. Los participantes se sentarán en un círculo. Uno comenzará a deletrear una palabra, pero dirá sólo la primera letra. El siguiente participante añadirá una letra y así con los demás jugadores, pero el que complete una palabra, pierde. Puedes hacerle una marca en la mano con un marcador a quién accidentalmente termine una palabra o se vea obligado a decir la última letra de una palabra. Cuando obtenga cinco marcas, la persona quedará fuera de juego. Es válido que un jugador diga una letra fingiendo que piensa en una palabra que en realidad no existe. Si el participante siguiente piensa que finge, y no tiene una palabra en la mente, puede desafiarlo. Si lo atrapa en su farsa, tendrá una prenda. Sin embargo, si la persona a la que se reta puede decir la palabra que tenía en la mente, entonces el que la retó tendrá una prenda. El ganador es la última persona que quede en el juego. Todas las palabras deben ser legítimamente verificables en un diccionario. *Brian Shchoeffler.*

¡CUENTA! ¡MIDE! ¡CARGA! ¡HUELE!

(Escribe las respuestas correctas en los espacios.)

#1

¿Cuántas PELOTAS hay en el frasco?

____

#4

¿Cuánto pesa el PAQUETE?

________kg.________gr.

#2

¿Cuánto mide la CINTA?

____

#5

¿Qué hay en la CAJA?

____

#3

Escribe el nombre de las personas que aparecen en las FOTOGRAFÍAS

1. ____________________
2. ____________________
3. ____________________
4. ____________________
5. ____________________

#6

Abre las BOTELLAS. ¡Huele! ¿Qué hay en cada una?

1. ____________________
2. ____________________
3. ____________________
4. ____________________
5. ____________________

Guarda este papel. El líder anunciará las respuestas correctas.

ESA PEQUEÑA LUZ

Se le da una linterna a cada persona (o deben traer una) y un código especial. Puede ser un destello, dos destellos, uno corto y uno largo, etcétera. Debe haber tantos códigos como cantidad de equipos en los que se haya dividido el grupo. Una vez que todos los códigos hayan sido asignados, apaga las luces. Los jóvenes deben agruparse con otras personas que tengan el mismo código. Cada uno, al alumbrar con su linterna, utilizará el código que le ha tocado. No está permitido hablar durante el juego. El equipo que haga un mejor trabajo en cuanto a agruparse, será el ganador.
Larry Houseman.

POESÍA ESPONTÁNEA

Divide al grupo en equipos de entre siete y diez personas y dale a cada equipo un papel. El primer participante deberá escribir una palabra al comienzo de la hoja y pasársela al su compañero. Éste leerá lo que hay escrito en el papel y agregará otra palabra. Después, doblará el papel para que ya no se lea la primer palabra sino sólo la que él escribió. El proceso se repetirá con todos los integrantes del grupo. Cuando todos hayan escrito algo, desdoblarán el papel y leerán el "poema" resultante.

Pueden escribir cualquier palabra y no deben meditar mucho tiempo antes de escribir. No hay palabras correctas o incorrectas. El resultado es fenomenal. *Richard Pallota*

HISTORIA REVUELTA

A medida que les va llegando el turno, los jóvenes deberán contar una historia o un cuento. Cada persona tendrá sólo entre 10 y 15 segundos para hacerlo. Los resultados, por lo general, serán muy cómicos.

PRUEBA DE COMERCIAL

Ata un billete a algún objeto que puedas arrojar, como una lata, un pedazo de madera o un borrador. Haz una lista de slogans publicitarios como: "Las pilas que andan, y andan, y andan", "Sólo hazlo" y otros. Después lánzale el billete a un joven y menciona uno de los slogans. Si puede identificar el producto en cinco segundos, se quedará con el billete. Si no, entonces deberá lanzarle el billete a otra persona, mientras lee otro slogan, y así sucesivamente. El público deberá permanecer en silencio (sin ayudar). El billete es opcional. Cualquier premio puede resultar bueno.

LAZOS FAMILIARES

Introduce a los estudiantes a una conversación acerca de situaciones familiares con este rompehielos. Antes del juego, haz una lista con los nombres de los integrantes de las familias de ficción que aparecen por televisión. Coloca un nombre en cada tarjeta, sin poner el apellido de la familia. Por ejemplo:

Los Picapiedra: Pedro, Vilma, Pebbles y Dino
Los Simson: Homero, Marge, Bart, Liza y Maggie.
Los Ingalls: Charles, Carolina, Megg, Laura, Carrie, Albert y Casandra.

A medida que vayan llegando al encuentro, dale a cada joven una tarjeta y dile que busque a los otros miembros de su "familia." Para ganar, una familia debe haber reunido a todos sus miembros y cantar o tararear una parte de la melodía del programa de televisión en el que aparecen. *Jim Bell.*

¡A DOBLAR!

Consigue una variedad de trozos de papel, cuadrados o rectangulares. Ten al menos uno de cada tipo. Puedes incluir servilletas, hojas de cuaderno, papel carbónico, pañuelos desechables, hojas de periódico, papel para dibujar, papel para barriletes, papel higiénico y toallas de papel. Asegúrate de tener algunos papeles bien grandes a la mano. Cada joven deberá escoger un pedazo antes de que se explique en qué consiste el juego.

Ofrece dinero como premio a aquel que pueda doblar el papel por la mitad nueve veces o más. (Ocho es el límite absoluto.) Puede ser utilizado para romper el hielo rápidamente o como ilustración de alguna enseñanza. *Kay Lindskoog.*

ESCÁNDALO CULTURAL

ESCÁNDALO CULTURAL

PARA PADRES:
CONSIGAN LA FIRMA DE UN JOVEN QUE:

______ No escuche una estación de radio local.
______ Jamás haya utilizado patines.
______ Sepa quién canta "Extraños en la noche".
______ Crea que Michael Jackson es "historia."
______ Jamás haya ido a un autocine.
______ Crea que Elvis vive.
______ Lea el periódico regularmente.
______ Conozca el nombre del esposo de Cher.
______ Crea que los bailes de la escuela son aburridos.
______ Coma pizza menos de una vez por semana.
______ Prefiera leer a ver televisión.
______ Piense que una joven no debería invitar a salir a un muchacho.
______ No le guste Janet Jackson.
______ Piense dedicarse a lo mismo a lo que se dedican sus papás.
______ Jamás haya ido a un parque de diversiones.

PARA JÓVENES:
CONSIGUE LA FIRMA DE UN PADRE QUE:

______ Haya usado pantalones oxford.
______ Haya ido a una escuela que sólo tenía un aula (tipo escuela rural).
______ Sepa quién canta: (Mencionar el título de alguna canción moderna).
______ Solía ponerse gomina en el cabello.
______ Piense que Elvis vive.
______ Haya chocado el coche de su papá.
______ Se planchaba el cabello.
______ Haya ido a algún concierto de rock.
______ Le gusten los videojuegos.
______ Recuerde dónde estaba cuando asesinaron a Kennedy.

¿Necesitas un rompehielos para un encuentro entre padres e hijos? Proponles descubrir cuánto saben de cultura. Reparte copias de listas (como las que figuran aquí) a los participantes (adapta y actualiza las listas para tu propio grupo). Los participantes deberán conseguir que alguien les firme junto a cada ítem. *Jim Bell.*

FIRMAS EN LOS PIES

Cinco de los jóvenes deberán quitarse los zapatos y calcetines. Dale a cada participante una lapicera o un marcador. Al oír la señal, los jugadores correrán por todo el grupo para ver quién consigue más firmas en la planta del pie, dentro de un tiempo límite. Nadie deberá firmar más de tres pies. Las firmas deben ser claramente legibles.

MEZCLA ÉTNICA

Imaginemos que, por ejemplo, vas a organizar una cena temática con menú italiano. A medida que los invitados van llegando (el lugar estará decorado con los colores de la bandera italiana) y mientras un violinista toca canciones románticas, reparte a los invitados un cuestionario como el que figura más abajo, que servirá como rompehielos.

MEZCLA ÉTNICA

1. Encuentra cinco personas de tu "grupo de cumpleaños italiano" y juntos griten las palabras que corresponden a cada grupo. Consigue las firmas de dos compañeros.
X______
X______

Grupos de cumpleaños italiano:

Ene/Feb/Mar ....¡Lasaña! ¡Lasaña! ¡Lasaña!
Abr/May/Jun ¡Mama mía! ¡Mama mía! ¡Mama mía!
Jul/Agos/Sept ....¡Arrivederci! Arrivederci! ¡Arrivederci!
Oct/Nov/Dic ....¡Galileo! ¡Galileo! ¡Galileo!

2. Utilizando tus habilidades más persuasivas, pídele a alguien del sexo opuesto que salga contigo. Insiste hasta que la persona grite, "¡Questo é amore!". Que uno le firme la hoja al otro y viceversa:

X______

3. En la hoja de otra persona, anota los peores tres sabores de pizza que se puedan imaginar:
______
______

4. Busca a alguien que realmente parezca italiano. Obtén su firma:
X______

5. De tu propio conocimiento, anota cuatro ciudades italianas:
______ ______
______ ______

6. Anota tres famosos edificios italianos:
______ ______
______ ______

7. Elige cuál es la religión oficial en Italia:

______ Pedestrianismo
______ Tooismo
______ Yahtzeeismo
______ Bocci ballismo
______ Catolicismo romano
______ Rastapostoismo

Asegúrate de que las preguntas se adecuen a la temática del evento. Los premios para los primeros cuestionarios que los jóvenes completen pueden ser paquetes de espagueti, una salsa o algo italiano. *Todd Capen*

SÓLO PARA TUS OJOS

Un problema continuo en las reuniones de jóvenes es cómo mantener el interés de los que llegan en horario o un poco temprano hasta que lleguen los demás y comiencen con el programa. Una forma para vencerlo es el memorando de la página 96. Puedes repartirlo a los jóvenes a medida que van llegando al encuentro.

Para crear una atmósfera de misterio, coloca el memo en un sobre que diga: **CONFIDENCIAL**. También puedes pasar música de fondo tomada de las películas de James Bond. Esto mantendrá a los jóvenes ocupados y corriendo por todos lados en busca de una barra de chocolate antes de que comience la reunión.

Claro está que tendrás que esconder el chocolate lo bastante bien como para que no lo encuentren en un minuto. Una sugerencia: mételo en la bolsa de alguno de los líderes para que esté a la vista. La mentira mencionada en el memo puede ser cualquier cosa que se te ocurra. Sé creativo. Puedes adaptar esta idea como tú quieras. ¡Funciona! *Gene Defries*

REVUELTO DE LETRAS

Un poco antes de la reunión, pega una letra debajo de cada silla. Cuando el grupo se siente, haz que todos saquen sus letras. Tú menciona una palabra y el primer grupo de jóvenes que la forme, con las letras en alto y parados en orden frente al resto de sus compañeros, obtendrá un premio. (El premio puede estar relacionado con la palabra que usaste, como por ejemplo, un paquete de pastillas para la palabra *aliento*.)

¿RECONOCES ESTE HIMNO?

Antes de la reunión de jóvenes, organiza una banda rítmica con bloques de madera, maracas, campanas, palos, etcétera. Que la banda practique algunos himnos bien conocidos y coros utilizando sólo esos instrumentos. Después, durante la reunión, divide al grupo en equipos y lleva a cabo un concurso para descubrir quién puede adivinar el himno que toca la banda rítmica. No resulta fácil descubrir: "Castillo fuerte es nuestro Dios" tocado por una bocina de bicicleta o "Cuando allá se pase lista" interpretado con un papel de lija. *Don Maddox*

FOTOGRAFÍAS BORROSAS

Consigue varias fotografías o transparencias de objetos, lugares o personas. Después, muéstralas a tu grupo pero proyéctalas completamente fuera de foco. Las caricaturas son una excelente opción, así como las fotografías de anuncios de revistas. Necesitarás practicar cómo enfocarlas l-e-n-t-a-m-e-n-t-e. Es muy divertido. *Carlita Hunter*

PALABRAS LARGAS

Escribe cada letra del alfabeto en una tarjeta. Haz suficientes tarjetas como para darle a cada equipo entre un tercio y la mitad de un alfabeto, además de algunas tarjetas de vocales extras. Dale a cada equipo 30 segundos para que formen la palabra más larga que puedan con las letras que recibieron. El equipo que arme la palabra más larga, gana. Recoge las tarjetas, redistribúyelas y juega otra vez.

PALABRA CLAVE

Explica que has escogido una palabra clave que utilizarás en una oración en cualquier momento durante la reunión. Escoge una palabra que no se repita con frecuencia, como *malabarista*, *maleta* o *vela*. Cuando los jóvenes escuchen la palabra clave, deben brincar en seguida. La última persona en hacerlo será penalizada.

HISTORIA DE AMOR

Este es un rompehielos divertido que puede usarse en cualquier ocasión, pero que resulta muy apropiado para la celebración del día de San Valentín. Necesitarás que los jóvenes contesten las preguntas mencionadas abajo. La mejor forma de hacerlo es escoger 17 jóvenes y que cada uno responda a una pregunta. Cada participante deberá recordar el número que contestó. Diles que escriban sus respuestas, pero que no las revelen hasta que se lo pidas. Estas son las preguntas:

1. Escribe el nombre de una muchacha del grupo.
2. Escribe el nombre de un joven del grupo.
3. Describe qué traías puesto la última vez que tu mamá criticó tu manera de vestir.
4. Piensa en tu actividad favorita, pero no la escribas; sino escribe qué traías puesto la última vez que llevaste a cabo esa actividad.
5. Anota aquí el consejo más inútil que hayas recibido.

¡SÓLO PARA TUS OJOS! ¡SECRETO! ¡URGENTE! ¡CONFIDENCIAL!

MISIÓN

La eliminación COMPLETA y FINAL de los barritos.

TU TAREA:

Nuestro gobierno, en combinación con otros gobiernos de todo el mundo, ha decretado una GUERRA TOTAL contra los barritos.

¡La tarea continua de nuestro departamento es la eliminación total de LAS BARRAS DE CHOCOLATE de sobre la faz de la tierra!

Nuestro servicio de inteligencia acaba de advertirnos que una BARRA DE CHOCOLATE ha encontrado la manera de meterse en nuestro edificio y está escondida a la vista, en algún lugar de este salón. Hemos logrado verificar que definitivamente NO está ni en las oficinas ni en los baños.

Deseo que tú, en persona, busques y DESTRUYAS esta diabólica BARRA DE CHOCOLATE, de la manera que consideres necesaria. Tienes hasta las 7:43 exactamente para cumplirlo.

Nuestro servicio de inteligencia pudo determinar que si no la encuentran antes de las 7:43, la BARRA DE CHOCOLATE se entregará a sí misma, en el gimnasio, para ser DESTRUIDA por mí; así que, sin importar los resultados, debes reportarte al gimnasio NO MÁS TARDE DE LAS 7:43:30 para tu próxima tarea.

Ah, una última cosa, el agente 003 obtuvo una información vital para nosotros: con su último aliento de vida nos informó que UNA de las declaraciones arriba mencionadas es mentira y no debes creerla. Desgraciadamente, 003 murió antes de darnos más detalles.

Buena suerte, 007. Ah, y por cierto: deberías memorizar y destruir este memo.

6. Escribe una frase de un comercial de televisión que no te guste.
7. ¿En qué lugar recibiste dinero la última vez?
8. Nombra el peor medio de transporte.
9. Describe una actividad en la que odias que te descubran.
10. ¿Cuál es tu comida favorita?
11. Nombra la comida que menos te gusta.
12. ¿Cuál es la bebida más rara que te hayan ofrecido?
13. Describe qué es lo menos común que puede hacer alguien en una tarde lluviosa.
14. Si fueras tu maestra, ¿qué dirías sobre el trabajo que le entregaste la última vez? Escríbelo.
15. Piensa en tu mayor metida de pata. Escribe que te hubiera gustado decir en aquella ocasión.
16. ¿Cuál es el hábito que más te molesta de tu hermano (o papá)?
17. Describe la peor razón por la cual un muchacho puede cortar con su novia.

Después de que todos hayan contestado, lee la historia que está en la página 98. Cada respuesta corresponde a una parte de la historia que falta. A medida que lees, haz una pausa en la parte que falta y que la persona que contestó esa pregunta lea su respuesta en voz alta. Los resultados son muy divertidos.

Para que funcione mejor, que los 17 jóvenes (con sus respuestas) se pongan en línea, de acuerdo con el número de respuesta. *John Bristow*

EL JUEGO DE LOS PANTALONES

Como la mayoría de los jóvenes (ellas y ellos) usa pantalones, este es un juego para casi cualquier ocasión. Dale a cada participante una planilla de verificación y un lápiz. A medida que lees la lista, haz que se computen 10 puntos por cada ítem mencionado allí y que ellos tengan en su pantalón:

- Cada bolsillo
- Cada presilla del cinturón.
- Si tienes puesto un cinturón
- Si el cinturón es marrón
- Si la hebilla del cinturón es plateada
- Si hay una etiqueta que diga Levi's en algún lugar de tu pantalón.
- Si el pantalón tiene algún bordado.
- Si el dobladillo está deshilachado
- Si tienes una mancha de grasa o de alguna otra cosa
- Si tiene algún parche
- Si tiene pespuntes en hilo amarillo o dorado
- Si tiene elástico en la cintura
- Si hay una billetera en uno de los bolsillos
- Si tus pantalones tienen un agujero.
- Si tus pantalones son de cualquier otro color que no sea azul.
- Si son tan largos que tocan el suelo.

Puedes añadir otros ítems semejantes, e incluir otras prendas también. La persona que tenga más puntos será el ganador. Un premio apropiado podría ser un parche o un par de pantalones viejos. *Nancy Cheatham*

PRUEBA DE VOCABULARIO

Este es otro rompehielos para reuniones entre padres e hijos. Los padres deberán demostrar que conocen palabras o expresiones que sus hijos usan y los jóvenes deberán escribir palabras características de la generación de los padres.

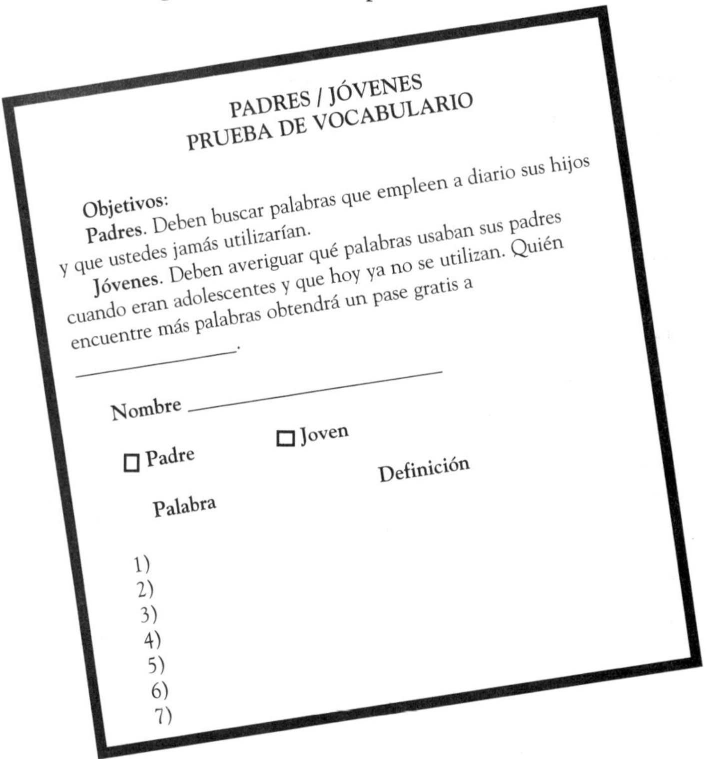
PADRES / JÓVENES
PRUEBA DE VOCABULARIO

Objetivos:
Padres. Deben buscar palabras que empleen a diario sus hijos y que ustedes jamás utilizarían.
Jóvenes. Deben averiguar qué palabras usaban sus padres cuando eran adolescentes y que hoy ya no se utilizan. Quién encuentre más palabras obtendrá un pase gratis a ____________.

Nombre ____________

☐ Padre ☐ Joven

Palabra Definición

1)
2)
3)
4)
5)
6)
7)

Al joven que tenga la lista más larga, obséquiale un disco de los Beatles (o algún grupo de esa época). A los padres ganadores, obséquiales una calcomanía que esté de moda. *Jack Hawkins*

Historia de Amor

(Para ser leída en voz alta)

Damas y caballeros, les damos la bienvenida a otro emocionante y conmovedor episodio de la comedia: "Cuando el mundo se quema." Como recordarán, durante nuestros episodios anteriores, en la fatídica vida de nuestra heroína __________ (1), vimos que su deseo más grande era tener una cita con el héroe de su juventud, el bien parecido y cortés __________ (2). Y ahora, este hecho trascendental se ha convertido en una realidad para nuestra amada heroína, pues ¡él le ha pedido una cita! El drama comienza cuando lo vemos acercarse a la puerta de su casa vestido con __________ (3). Cuando suena el timbre, ella corre casi sin aliento para abrirle, viéndose preciosa en sus __________ (4). Mientras lo saluda tímidamente, el padre de ella lo observa por encima del periódico, saca la pipa de la boca y le dice al visitante, __________ (5). Pero la mamá se impone con lágrimas: __________ (6). Así, la pareja sale a __________ (7) con __________ (8). Una vez ahí, de inmediato comienzan a __________(9). Rápidamente les da hambre, así que van a un restaurante y ordenan __________ (10), con __________(11) como broche de oro, y se lo toman con __________ (12).

Después, a medida que el sol comienza a bajar y forma un resplandor color ámbar a través del horizonte, deciden terminar su cita en__________ (13). Cuando él la acompaña a su casa y está por marcharse, ella se queda en la puerta mirándolo, y con una tristeza intensa por su partida, le dice estas tiernas palabras que describen el tiempo que han pasado juntos: __________ (14). Él, tratando de ser valiente, susurra con suavidad: __________ (15). Cuando termina la cita, ella corre por las escaleras hacia su habitación y con el corazón palpitante llama a su mejor amiga para contarle los sucesos de la emocionante tarde. Le cuenta que__________ (16). Mientras tanto, él camina y desaparece en la densa niebla. Sintonícenos mañana, para escuchar al héroe decirle a su hermano menor __________ (17).

ROMPECABEZAS

Tú sabes que cada miembro es muy importante para el grupo, pero, ¿ellos lo saben? Entrégale a cada jugador una o más piezas de un rompecabezas (dependiendo del tamaño de tu grupo y del número de piezas que tenga el rompecabezas). Contarán con 30 segundos para encontrar a alguien que tenga una pieza que encaje justo con la suya. Pueden otorgarse pequeños premios a aquellos que hayan encontrado todas las partes que se conectan con su ficha.

Dales 45 segundos más para descubrir cuántas fichas vecinas pueden encontrar y poder así armar al menos una parte del rompecabezas. El grupo que haya unido más fichas recibirá un gran premio. La moraleja es que si quieren ser parte del grupo, deben tomar la iniciativa. *Michael B. McKay*

PREGUNTAS Y RESPUESTAS

Reparte tarjetas en blanco y lápices a todos los integrantes del grupo. Divídelos en dos equipos. Que cada miembro del equipo escriba una pregunta de este tipo: "¿Cómo pelas una ciruela?" Cada uno, en el otro equipo deberá escribir una respuesta como: "Lo hago con una tijera puntiaguda." Recoge las tarjetas de cada equipo por separado. Lee una pregunta y una respuesta por vez. Leerlas al azar producirá resultados desopilantes.

ACRÓSTICO

Este rompehielos se puede utilizar con grupos de todas las edades. Es muy divertido y fácil de jugar. Dale a cada persona un papel y un lápiz. Deberá escribir sobre el margen izquierdo una palabra o una frase que haga referencia a algún día de fiesta. Por ejemplo, Feliz Navidad.

Al oír la señal, los jugadores comenzarán a buscar, entre sus compañeros, alguien cuyo nombre o apellido comience con una de las letras de la palabra o frase clave. Cuando encuentren a esa persona, deben pedirle que firme junto a la letra de su nombre. La primer persona que consiga las firmas de todas las letras de su palabra clave, será el ganador.

F Frank Fernández
E Elizabeth Guerra
L Leoardo Leyva
I Irene Suárez
Z Zoila García

N Nancy Pineda
A Antonio Cruz
V Víctor Martínez
I Iván Prieto
D Diana Crespo
A Alberto Carmona
D David Gutierrez

Si no hay ganador después de un cierto tiempo, detén el juego y quien tenga más firmas será el ganador. Si hay un empate, los nombres valdrán más que los apellidos, así que quien tenga más nombres ganará. La frase puede ser más larga si el grupo es grande y más corta si el grupo es pequeño. *Lillian Rossow*

C Y T

Divide al grupo en tres. Que una parte sea la C, que otra parte sea la T y que el resto sea "Todo lo demás". Contarás del uno al 20 (junto con el grupo). Cada vez que digas un número que comience con C o con T, los grupos C y T se pondrán de pié. Con los demás números, se parará el grupo de "Todo lo demás". Comienza a un ritmo lento y después hazlo cada vez más rápido. El grupo "Todo lo demás" se pondrá de pié cuando digas "uno" y los C y T se pondrán de pié en el "tres y cuatro," y así sucesivamente. Se pone más divertido cuánto más rápido va.

Para introducir una variante, haz que todos se sienten en círculo y que el primero cuente "uno", el segundo "dos", y así hasta llegar a 20. Después, vuelve a comenzar. Deben pararse antes de decir el número que comienza con C o con T.

Si no lo hacen, salen del juego. El conteo se debe hacer con ritmo, de otro modo el jugador resulta eliminado. Parece confuso, pero es muy divertido. *Sam Walker*

EL JUEGO DE SENTARSE

Este rompehielos involucra a todos y es muy divertido. Requiere poca preparación y nada de utilería. Simplemente todos deben permanecer de pié.

Anuncia entonces que vas a leer una lista condicionada por "si es que..." Si alguna de esas afirmaciones hace alusión a ellos, deben sentarse. (Además de estas declaraciones, se pueden añadir otras.)

- Hoy no usaste desodorante.
- Has usado los mismos calcetines por dos días.
- Tienes el ombligo para afuera.
- Eres una chica y se te corrieron las medias.
- Todavía te chupas el dedo.
- Eres guapo, o guapa.
- Ves viejos programas de televisión.
- Nunca comiste caracoles.
- Tu mamá aún te viste.
- Tienes un agujero en el calcetín.
- Te multaron.
- Estás a dieta.
- Tienes un diente postizo.
- Estás enojado con tu novia; estás enojada con tu novio.

Termina con algo como: "Estás cansado de estar parado." Esto hará que todos se sienten.

JUEGO DE SITUACIÓN

Los jugadores se sientan en círculo y susurran al oído de la persona que está a su derecha: "Tu eres______", y aquí nombran a alguna celebridad o algún personaje de historieta o alguna figura histórica. Después le dicen a la persona que está a su izquierda: "Tu estás en ______" y nombran un lugar como: "en la tina," o "en la casa presidencial". Luego todos se cambian de lugar y le dicen a la persona que está a su derecha: "Tu traes puesto______." Y a la persona que está a su izquierda: "Tu estas______" y deben decirles algo que estén haciendo y que les parece loco o chistoso. Finalmente todos los jugadores revelan lo que se les dijo acerca de ellos mismos: quienes eran, dónde estaban, qué traían puesto y qué estaban haciendo. Por ejemplo, alguien puede decir: "Mi nombre es Vilma Picapiedra, llevo puesto un bikini morado, estoy en un jacuzzi haciendo lagartijas." Si tienes un grupo muy grande, que solamente unos cuántos jóvenes cuenten sus historias.

PISOTÓN DE ARAÑA

Esta es una manera excelente de comenzar una reunión. Simplemente pide a tu público que dé pisotones vigorosamente por 15 segundos. Cuando se termine el tiempo detenlos y diles: "Muchas gracias. Solo queríamos aplastar a la viuda negra que estaba suelta en algún rincón de este auditorio. *Jim Green*

¿POR QUÉ? PORQUE...

Dale a cada persona del grupo un lápiz y una tarjeta. Que escriban una pregunta que comience con las palabras *¿por qué?* Recógelas. Luego todos anotarán una respuesta en las tarjetas que comenzará con la palabra *porque*. Recógelas. Redistribuye las tarjetas al azar y que los jóvenes lean las preguntas que recibieron y también las respuestas. Los resultados serán divertidísimos. *John Powell*

EL MAYOR JUEGO DE VOLEIBOL DEL MUNDO

Se trata de un rompehielos excelente para grupos grandes sentados en un auditorio (con un pasillo en el centro). Simplemente pon una red de voleibol en el centro del pasillo y arroja una gran pelota de playa en medio del público. Todos permanecerán sentados y deberán pegarle a la pelota para pasarla sobre la red al otro lado. Se seguirán las reglas normales del voleibol, con la excepción de que nadie rotará. Es un poco difícil jugar a esto cuando se tiene un techo bajo, pero en la mayoría de los casos constituye una forma grandiosa de integrar a todo el público.

EL JUEGO DE SOFTBOL MÁS GRANDE DEL MUNDO

Este juego es similar al mayor juego de voleibol del mundo ya que se integra a todo el público en él.

También en esta ocasión se necesita un pasillo central. El montículo del pitcher estará en el pasillo central. El público hará las veces de los jugadores que están fuera en el campo. Se trata de un típico juego de contrincantes entre el público y el liderazgo. Alguien del público será seleccionado como pitcher y otro como receptor. La base de entrada estará sobre la plataforma o escenario. Del liderazgo saldrán los bateadores todo el tiempo. El pitcher le arrojará la bola (una bola suave) y el bateador bateará la bola hacia el público. El bateador deberá correr hasta cierto punto y regresar a la base de entrada antes de que el público pueda devolverle la pelota al receptor. (Generalmente el bateador corre hacia el montículo del pitcher y luego regresa, pero el pitcher no puede hacerle un "out" si él recibe la pelota.)

Si el bateador regresa a la base de entrada antes de que la pelota llegue, el liderazgo obtiene un punto. Si el receptor le hace un out, el público obtiene un punto y así sucesivamente. Cuando alguien capture la pelota en medio del público, deberá ponerse de pie y arrojarla hacia la entrada. Todos permanecerán sentados. Al bateador no se le hará un "out" si alguien captura la pelota en el aire. Asegúrate de que la pelota sea suave para prevenir daños. Algunas jugueterías venden pelotas más grandes de goma espuma, hechas especialmente para juegos realizados en interiores.

PSIQUIATRA

Este juego es para grupos pequeños. Necesita creatividad y además alienta a los jóvenes a conocerse unos a otros.

Sienta al grupo en un círculo y escoge a alguien que sea el psiquiatra. El psiquiatra debe salir del salón mientras se explica el juego.

Dile a los participantes que su trabajo es tomar la personalidad de la persona que está a su izquierda. Todas las preguntas deben ser contestadas como si ellos fueran esa persona. Toma unos minutos para que todos puedan decir lo suficiente acerca de sí mismos a la persona que los personificará.

Luego trae de regreso al psiquiatra. Él puede hacer cualquier pregunta que quiera y debe tratar de adivinar lo que les está pasando a estos pacientes. Si el psiquiatra comienza a adivinar el patrón, el líder debe gritar: ¡"Psiquiatra!" y todos deben reagruparse tomando la identidad de la nueva persona que está a su izquierda. Cuando el psiquiatra finalmente llegue a descubrir el patrón, el juego terminará.

Una buena variación de este juego es tener tres o cuatro jóvenes que salgan, para traerlos de regreso uno a uno y ver con cuánta rapidez pueden adivinar el juego. Mide el tiempo con un cronómetro. Quién adivine en menos tiempo será el ganador.
Scott McLain

RECURSOS DE ESPECIALIDADES JUVENILES EDITORIAL VIDA

151 Encuentros con el Rey
El caso de Cristo, Edición Estudiantil
Drogas y Pornografía ¿Qué hacer?

¡Ayúdenme!, ¡Soy líder de jóvenes!
¡Ayúdenme!, ¡Soy líder de células! (Libro y DVD)
Cómo no liderar una célula (DVD)
500 Ideas para tu Ministerio Juvenil
Ministerio de Jóvenes con Propósito

Ministerio Juvenil Efectivo
Lecciones bíblicas creativas: «1 y 2 Corintios»
Lecciones bíblicas creativas: «Juan: Encuentro con Jesús»
Lecciones bíblicas creativas: «Romanos: ¡Fe al rojo vivo!»
Lecciones bíblicas creativas: «Verdades Brutales»
Lecciones bíblicas creativas: «La vida de Jesús»
Proyecto Discípulo (Material del Líder)
Proyecto Discípulo, Devocional Juvenil
Proyecto Discípulo, CD

Juegos para refrescar tu ministerio
Biblia G3

DISFRUTE DE OTRAS PUBLICACIONES DE EDITORIAL VIDA

Desde 1946, Editorial Vida es fiel amiga del pueblo hispano a través de la mejor literatura evangélica. Editorial Vida publica libros prácticos y de sólidas doctrinas que enriquecen el caudal de conocimiento de sus lectores.

Nuestras Biblias de Estudio poseen características que ayudan al lector a crecer en el conocimiento de las Sagradas Escrituras y a comprenderlas mejor. Vida Nueva es el más completo y actualizado plan de estudio de Escuela Dominical y el mejor recurso educativo en español. Además, nuestra serie de grabaciones de alabanzas y adoración, Vida Music renueva su espíritu y llena su alma de gratitud a Dios.

En las siguientes páginas se describen otras excelentes publicaciones producidas especialmente para usted. Adquiera productos de Editorial Vida en su librería cristiana más cercana.

Una vida con propósito

Rick Warren, reconocido autor de *Una Iglesia con Propósito*, plantea ahora un nuevo reto al creyente que quiere alcanzar una vida victoriosa. La obra enfoca la edificación del individuo como parte integral del proceso formador del cuerpo de Cristo. Cada ser humano tiene algo que le inspira, motiva o impulsa a actuar a través de su existencia. Y eso es lo que usted podrá descubrir cuando lea las páginas de *Una vida con propósito*.

0-8297-3786-3

Ministerio Juvenil Efectivo

El propósito de este libro es proponer estrategias, ideas y principios para desarrollar un liderazgo juvenil inteligente, compartiendo lo esencial del ministerio juvenil efectivo. Los líderes juveniles tienen un increíble potencial en sus manos. Una riqueza que debe ser administrada con sabiduría, perspicacia e inteligencia. Esta obra los ayuda a aprovechar ese potencial de una manera eficaz.

0-8297-3788-X

El código del campeón

El código del campeón contiene la esencia de los mensajes expuestos por Dante Gebel en su carrera evangelística, a lo que se suman brillantes historias que desafían tu vida de manera radical. Este libro es para aquellos que sufren de «insatisfacción santa», o como diría el mismo autor: Los que poseen una doble dosis de ambición espiritual. Es una obra literaria que formará parte de la historia de todos aquellos que desean marcar significativamente este planeta.

0-8297-3829-0

Lecciones bíblicas creativas de la vida de Jesús

En Lecciones bíblicas creativas de la vida de Jesús encontrarás 12 lecciones sólidas y listas para usar acerca del breve ministerio de Jesús aquí en la tierra. Estas lecciones harán que aprender sea más divertido y llevarán a tus alumnos al punto central: Cuán relevante y oportuna es la vida de Jesús en realidad.

0-8297-3671-9

151 Encuentros con el Rey

151 Encuentros con el Rey es una colección de historias inspiradoras que animan al joven a acercarse a su Creador de manera sencilla, pero con un alto contenido cristiano, para así mantener una relación íntima de calidad. Cada historia concluye con dos secciones diseñadas para fundamentar mejor su relación con Dios.

0-8297-3791-X

Nos agradaría recibir noticias suyas.

Por favor, envíe sus comentarios sobre este libro

a la dirección que aparece a continuación.

Muchas gracias.

Editorial Vida
7500 NW 25 st. Suite 239
Miami, Florida 33122

Vidapub.sales@zondervan.com
http://www.editorialvida.com